U0330999

大夏书系·教育艺术

Ertong
Chengzhang
de
Mimi

儿童成长的秘密

李竹平 / 著

 华东师范大学出版社

全国百佳图书出版单位

·上海·

图书在版编目（CIP）数据

儿童成长的秘密/李竹平著．—上海：华东师范大学出版社，2021
ISBN 978-7-5760-1895-0

Ⅰ.①儿…　Ⅱ.①李…　Ⅲ.①儿童教育　Ⅳ.① G61

中国版本图书馆 CIP 数据核字（2021）第 120653 号

大夏书系·教育艺术

儿童成长的秘密

著　　者　李竹平
策划编辑　卢风保
责任编辑　万丽丽
责任校对　杨　坤
封面设计　奇文云海·设计顾问

出版发行　华东师范大学出版社
社　　址　上海市中山北路 3663 号　　邮编　200062
网　　址　www.ecnupress.com.cn
电　　话　021-60821666　　行政传真　021-62572105
客服电话　021-62865537
邮购电话　021-62869887　　地址　上海市中山北路 3663 号华东师范大学校内先锋路口
网　　店　http://hdsdcbs.tmall.com/

印　刷　者　北京季蜂印刷有限公司
开　　本　700×1000　16 开
插　　页　1
印　　张　14.5
字　　数　200 千字
版　　次　2021 年 7 月第一版
印　　次　2021 年 7 月第一次
印　　数　6 100
书　　号　ISBN 978-7-5760-1895-0
定　　价　49.80 元

出 版 人　王　焰

（如发现本版图书有印订质量问题，请寄回本社市场部调换或电话 021-62865537 联系）

目 录
Contents

第二辑　班级活动中的童年与儿童

第三辑　把儿童当作儿童

第四辑　做儿童的知心人

序

一线教师与儿童研究

一个儿童就是一个独特的世界，儿童的世界丰富多彩，与众不同，令人惊叹，令人着迷，又叫人难以捉摸。人们曾经习惯于用"单纯"来形容儿童和儿童的世界，现在看来，那要么是一种纯粹美好诗意的修辞，要么是故意对儿童世界和成长的复杂性视而不见，要么是没有能力看清儿童世界和成长的丰富性、多元性。

在儿童没有被"发现"的历史年代里，儿童的"单纯"是儿童没有被成年人及教育者看成是具有独立人格的生命个体的反映。曾经，成人认为，儿童是不完备的存在，是一个人走向成熟历程中充满幼稚和缺陷的阶段，这个阶段并不重要，也不被重视。正是在这种先入为主的观念里，儿童被简单粗暴地置于被动地位，被认为"单纯"到应该任由成人控制、规划，应该在成人的督促下循规蹈矩，甚至理应受到责罚和规训，以确保不偏离成人为其预设的人生轨道。

今天，儿童不仅从个体人格的独立性上被"发现"，而且在个体生命成长和发展的历程中，以"童年"这一富含人文精神与教育学意义的定义被格外关注。儿童——童年，不再简单地被冠之以"单纯"，人们更关注其独特性和复杂性，在呵护、尊重的前提下，研究他们，试图窥探明白他们的世界，从而为他们提供更适合的成长环境、相处方式、教育策略等。人们这么做，是因为人们越来越清晰地认识到了儿童的重要性，认识到人类社会的未来取决于我们怎样抚养和教育下一代。

的确，对于儿童和儿童的成长，今天的我们义无反顾地担起了既热情洋溢又审慎理性的责任——尤其是广大的一线教师。然而，身为一线教师，大家是否真的掌握了走进儿童世界，读懂儿童心思的密钥，却是一个现实性课题。

一、了解"已知"的儿童

同为人类，同为儿童，总有一些天性和发展的路径是趋同的，比如对安全感的需求，对个体价值的体验，从自我意识的萌芽到自我的主动建构等。这些认知和知识，虽然不会与生俱来，但确实已经被发现、证实并通过语言文字在传播。也就是说，关于儿童和儿童成长，前人已经通过不懈的努力，积累了大量研究成果和科学结论，这些成果和结论已经被大量事实证明，是可靠的，是普遍适用的，是经得住考验和推敲的。比如遗传在儿童发展中的作用，比如家庭作为一个系统对儿童发展的影响，比如儿童情绪能力发展的一般规律，比如皮亚杰认知发展理论、维果茨基的社会发展认知理念等对认识儿童的贡献和启示，比如脑科学研究的成果……这些都从群体意义上，为我们勾勒出了儿童的一般形象和儿童发展的一般路径、规律，从而帮助一线教师在与具体的儿童打交道之前，就拥有了对儿童的大致想象。

一线教师探索教育的价值，探索儿童的本质，也如同儿童探索其所处的世界一样，一开始总是好奇而懵懂的，只能拥有一个大概的感受——儿童大概是什么样子的。这种模糊的认知，具有一定的整体性和全面性，是深入探索和研究的起点与基础。

一线教师要了解儿童，首先要从一般性规律和整体面貌的把握开始，也就是从继承和理解前人的研究成果开始。继承和理解的主要方式方法就是研读前人的著作。"研读"是方法，也是姿态。教师阅读研究儿童的著作，不可能是以一张白纸的状态来开启的。阅读时，要带着自己曾经为儿童的经验，要带着或多或少的对身边儿童观察的经验，最好还要带着阅读童书和观看有关儿童影视的经验——教师对故事中的儿童总会有自己的判断和理解。如果已经在教师岗位上有了教育教学的经历，阅读时，就要自觉地、敏感地将阅读发现与自己所熟悉的儿童表现建立起联系来，一是深化自己的理解，二是将书本上的知识、方法迁移到实践中。笔者在阅读《童年论》时，每一章都会做很多批注，批注中总会联系到在教育生活中认识的具体儿童和他们的具体行为表现。

直接研究儿童心理和行为的专业著作要研读，如《儿童心理学》《儿童社会学》《童年论》《儿童偏差行为》《儿童的人格形成及其培养》等，一些与认识儿童、了解儿童发展有关的论著也要研读，并与儿童研究的专业著作建立起联系来，如《书，儿童与成人》《儿童文学概论》《西方儿童史》《游戏的人》等。一线教师在儿童研究阅读上，尽量做到视野开阔，能帮助自己从不同维度来建构关于儿童的认知和理解。

研读著作，在一线教师脑海中能够建构起的是"一个"童年和儿童的形象，是儿童的大概样子，是对儿童成长和发展的规律性的认知。一线教师工作中面对的是"多个"童年和儿童，他们各不相同，多姿多彩，为了了解、理解每一个作为生命个体的儿童，一线教师还需要在实践中做持续的儿童研究。

二、持续研究眼前的儿童

在商场里，笔者看见一个一岁模样的俄罗斯小孩，在大人的陪伴下玩耍。这个小孩对身边一切都充满了好奇心。妈妈一把他放到地上，他就往自己一眼看中的地方"冲"。我想，假如这是一个中国孩子，此时此刻的表现应该是同一个样子的——这是孩子的天性使然。无论是什么民族的儿童，从天性上来看，从他们成长发展的一般规律来看，他们都会具有同为人类的一致性和共通性，这就是我们刚才谈到了研读前人研究儿童著作的可靠性和必要性。

但是，如果再往深里追究，这个俄罗斯小孩到了幼儿园、小学，会与中国的小孩在行为习惯、心理发展等方面有越来越多的不同表现；即使同是俄罗斯小孩，或者同是中国小孩，或者同是美国小孩，他们也会随着年岁的增长，相互之间会出现越来越多的差异性。这就是儿童发展的本质——个体性，每个儿童都会成长为独一无二的那一个生命个体，哪怕两个儿童来自同一个家庭，就读于同一个班级，他们所拥有的童年，他们在成长中的任何一次体验，也只能是属于各自的，其中一个不可能代替另一个来体验和内化。

儿童的天性是趋同的，个性却是趋异的。一线教师认清这一点，就要明白，对班级中的每一个儿童都要做持续的研究，这样才能做好对每一个儿童的教育和陪伴。

对每一个儿童做持续的研究，一是指研究要在动态观察、了解和分析中才能得到更丰富更真实的信息，以保证得出的判断和结论具有足够的科学性和适切性，让教育和陪伴找到适合的姿态和方法；二是指儿童的发展是一个持续性的过程，某一个阶段的表现和呈现出的问题，既与过去有关联，又会对未来产生影响，这就要求一线教师在做儿童研究工作时，要有持续性的观念，避免孤立地看待问题和现象。

班上有一个一向表现很"乖"的小男孩，最近容易与其他男孩发生冲突，并且选择用"武力"来解决问题。如果就事论事，我们会认为他们仅仅是因为在游戏中争夺"盟友"而产生了矛盾。这样，在解决问题时，教师有可能认为从帮助他如何看待游戏和友谊上着手，就能给予他正确的、必要的帮助和引导。事情却没有这么简单。综合观察"乖"男孩近一段时间的表现，教师发现他有很多与以前不一样的行为状态，如常常没有完成作业，班级故事写作中语言里隐含着孤独感和攻击性，与一起玩耍了多年的好伙伴表现得若即若离……他不再如从前一样"乖"了，在同伴关系中，似乎不再满足于以往被动和配角的位置。要研究他何以悄然发生了这些变化，教师就要从不同角度入手做关联性的研究：家庭生活有了怎样的变化（妈妈上夜班，缺少了以前的陪伴和理解），在看什么书（沈石溪的动物小说），同伴关系有了哪些新的体验（主动确认哪些同学是自己可以信赖的朋友），和同伴聊些什么（仅仅像以前一样玩游戏已经满足不了心理需求，但又不知道如何分享心思）……如此，我们就会发现，儿童的任何一个问题，都是复杂关系和系统中的问题，儿童需要帮助和引导的实质性需求，只有深入关系和系统中才能辨识出来。

记录儿童生活故事，也是一线教师做儿童研究的必要选择。我们经常会笼统地指出某个儿童有注意力不集中的表现，却很难描述出其表现的细节，因此对其注意力不集中的原因无法做出比较合理的判断和解释。下面是对一个儿童某一次行为表现的故事性记录：

这是一个被诊断为注意力中度异常的五年级男孩。爱读书，无论什么课上，都会藏一本书在桌肚里，趁老师不注意时偷偷阅读，然后沉浸在自己的世界里。对他来说，最痛苦的事就是写作业，尤其是写作文，虽然他看的书很多，也能绘声绘色地讲历史故事，但要他自己拿笔写作，就拧紧了眉毛。

昨天的班级故事，他只写了一个自然段。今天，语文老师请他放学后留下来，争取写出一篇400字的故事来。他答应了。15:35，放学已经15分钟了，他的写作纸上留下了14个歪歪扭扭的汉字（这14个字还是活动课上写的），而此时他不在教室里——据说上厕所去了。这一去花了近十分钟。15:46，他回到了教室。同学告诉他，30分钟内要写好。15:50，他在走廊里与同学游戏。15:55，他回到教室，坐在椅子上发呆。16:05，他又出了教室……

这种记录的作用和意义是什么？在儿童研究中，这可以归类于"田野"研究，具有现在时和现场感的特点，得到的是第一手资料。儿童积极的或消极的行为表现，一般都能从这些第一手资料中找到最真实的印证。如果将更多这种记录进行对比，我们就能做出判断，这个注意力中度异常的男孩需要得到怎样的帮助，才是对他有益的，哪些干预和帮助可能是无益的。

一线教师虽然每天沉浸在儿童中间，也要勇敢地承认，自己对每一个儿童的了解有可能是表面的、肤浅的，儿童总是处在成长变化当中，教师唯有不断研究，才能接近最真实的儿童。

三、儿童研究是一个没有终点的课题

本书所呈现的观点和分享的案例，是在前人已有研究成果的基础上——尤其借鉴了《童年论》中的一些观点和视角，充分结合当下教育环境中儿童的真实境遇，所做的进一步研究和实践探索。全书分为四辑，前两辑着重于探究当下教育环境中儿童成长的真相，以促进一线教育者能够以更加全面的视角来看待儿童的成长，并指导自己的教育行动；后两辑主要通过具体的实践案例来探究教师如何参与儿童成长，以促进儿童主动积极的自我实现。

人类社会在发展变化，社会中的每一个儿童也在发展变化；时代的变迁，使得儿童生活成长的环境不断发生着变化，儿童成长也就会面临着新的问题；即使在同一个环境中，儿童个体的复杂性也使得对儿童的了解总是有限的……这一切都说明了一个事实——为儿童成长服务的儿童研究是一个没有终点的课题。

一线教师做儿童研究，应该是分内之职，不仅属于情怀之事，也是专业之事。一线教师做儿童研究，具有得天独厚的条件，只要有意愿，有方法，随时随地都可以行动。一线教师每天与儿童"厮守"，既可以观察，又可以交谈，还可以与其家庭建立紧密联系，了解儿童的家庭成长环境和成长经历。这些都有助于一线教师对具体儿童的研究，做得扎实而深入。同时，一线教师每年与很多具体的儿童相处，会发现儿童的问题既有规律可循，又各有各的特殊性，帮助、引领儿童成长，必须眼里有一个个具体的儿童、独一无二的儿童。

童年的丰富性、发展性和具体儿童的复杂性决定了教育者必须是童年和儿童的持续研究者，要不断发现新问题并分析问题产生的新情境，探索新的解决办法和路径。教师作为成人，尤其要警惕把自己的经验当成无可挑剔的至高无上的智慧，从而让自己与儿童的相遇成为一个不可挽回的错误。从这个意义上来讲，教育者需要的不仅仅是已经被过去情境验证过的儿童研究的成果，还要在与儿童的相处中，理解儿童，携手儿童的成长，不断进行实践性的儿童研究，成为破解儿童问题的专家。

第一辑

学校里的童年和儿童

重新检视"儿童立场"

"儿童立场"是当前教育语境中的热词。无论是学科教学还是教师工作，从理念阐述到行动叙事，大家都要申明或证明自己拥有不折不扣的"儿童立场"。仿佛，只要贴上了"儿童立场"的标签，理念就自带光环，行动就"伟光正"（唯我独尊，自我感觉良好），至于实际的理念和行动中的"儿童立场"到底具有怎样的真实面貌，就说不清道不明了。现实教育教学中存在着千姿百态、千差万别的儿童立场，甚至理念和行动完全矛盾都声称自己坚守的是"儿童立场"。鉴于此，我们有必要从什么是童年和儿童的追问与探讨出发，重新检视教育教学实践中的儿童立场。

一、"一个"童年与"多个"童年：重新检视儿童立场的理论探讨

什么是童年？关于童年的定义，至今没有统一的标准答案。有人认为童年是人生中的一个特定阶段，每个人都会经历的一个阶段；有人认为童年是人类社会中恒久不变的结构组成要素，即无论人类社会处在怎样的时间轴上，童年都始终属于其中的一个组成部分；有人认为童年是一个人走向成年的准备阶段，它的意义由成年所赋予；有人认为童年既是社会结构中的持续存在，又具有其独立性和特殊性，因此儿童是参与社会建构的行动者……对童年的这些解释或理解都属于社会学范畴。从心理学角度来理解，对童年的解释同样存在不

同的观点：皮亚杰认为童年必须被视为人类发展不充分的初期阶段，因此提出了认知阶段发展理论；维果茨基认为童年与人生中的任何阶段一样具有能动性和建构能力；弗洛伊德将童年仅仅视为一个未完成的阶段，认为儿童不具备意向性和能动性……对童年的这些不同观点和定位，在为教育学提供支持的同时，也为教育学到底该如何理解童年并对教育行动给予合乎事实和逻辑的指导带来了困惑与挑战。

如何理解童年定义的不确定性和复杂性？可以先来看看现实生活中的案例。一名家长带着急切和渴望的心情与老师交流、探讨自己孩子的学习成长问题，他先向老师介绍了孩子在家中的表现（我们有理由认为，他所陈述的是其注意到的且只是其能够或自以为可以观察到的行为表现），接着问老师："这孩子在学校是不是也这样啊？"面对这个问题，老师可能会给出怎样的回答呢？"对呀，在学校和在家是同一个孩子啊！"或者："在学校不是这样啊，做什么都很主动很用心的。"又或者："这要看具体面对什么样的任务了。"再或者："这个年龄的孩子都这样……"那么，家长和老师眼中，哪一个是真实的儿童？把家长和老师眼中孩子的表现综合起来，是不是就能得到对这一个儿童真实、全面的认识？显然，要回答上述问题，并非易事。但是，这样的追问和思考无论是对于家长还是教师，都是必要的，因为他们都直接承担了陪伴和引导儿童成长的责任——对于以教育为职业、专业和事业的教师而言，尤其必要。

对童年的认识和研究之所以应该成为教育和教师的必修课，那是因为童年仅仅是作为一种社会现象（恒久不变的结构要素）的存在或者童年的意义仅仅是为成年做准备等，这些单一的理解根本无法解释单个具体儿童的与众不同之处。"别人能行你也应该能行"的思维模式，说明了教师眼中只有"一个"童年，教室里三十或四十个儿童被规定、模糊为"一个"儿童——这成为很多教师实施教育行为时潜意识里遵守的唯一原则。事实上，对童年的理解应该是多元的。我们不妨来看看现实中童年存在的一些具体形态。

1. 儿童正在经历着的童年

这一理解和形态关注的是儿童的主体性，童年是儿童自己的童年，他们以主体的身份进行体验、思考、判断、创造。他们是能动的，不仅在同伴文化中，也在社会建构中发挥着积极作用。例如，他们在学校和教室生活中与规则相遇，受到挫折后会进行"二次调整"，以自己认为可行的办法应对规则。他们采取的策略和方法往往会对既定规则产生冲击，影响教师对规则执行的力度和信心，有时还会促使学校或教师对规则进行调整。

2. 成年人回忆中的童年

这是经验式的童年理解，它的具体行动已经成为过去，但成人却无意识地或固执地认为它应该是今天的儿童的榜样，因为回忆的选择性粉饰了自己的童年。沉溺于这一童年情结的成人很难用真正的同理心去理解今天的儿童，他们喜欢讲述自己童年的故事，企盼自己的童年故事能够被儿童崇拜和模仿。他们宣称自己理解儿童，和儿童相处或处理儿童问题会秉持儿童立场，事实上，他们理解的只是选择性记忆中曾经作为儿童的自己。他们经常感叹："唉，现在的孩子！"他们认为眼前儿童与记忆中自己童年的区别之处，都应该得到修正。这样的儿童立场对今天的儿童是不真实的，也是不公平的。

3. 教育者观念中的童年

这不是一种单一的理解和形态，因为持有不同教育观念的教育者，例如不同的教师，他们对童年的理解，对儿童的判断及态度是不同的。前面提到不同的教师可能会对家长的疑问给出不同的回应，往深层探究，背后反映出的正是不同教育观支配下的不同儿童观。用什么样的教育观念来面对童年和儿童，就会拥有什么样的儿童立场。认为儿童的发展遵循的就是皮亚杰的阶段发展理论所阐述的路径，这样的教师最有可能拘泥于儿童的年龄序列——义务教育阶段统一年龄入学、升学一定程度上是这一理解的产物——而不会关注其他因素的作用和影响。一味倡导快乐和天性价值的教育者，很容易忽视童年的社会属性和发展性。身为教育者，对童年和儿童的理解一定会体现在教育行为中，在现代社会里对儿童自我身份的确认产生的影响尤为巨大，所以教育者应该首先是具有整体思维的童年研究者，这样才能避免具体儿童立场的虚假性和破坏性。

4. 历史视角的童年

从历史性角度来研究，童年的理解和形态可能是一直变化着的，这种变化总体的趋势是儿童越来越从伦理上拥有了更多的独立性和自主权，但在实际关系中，儿童却越来越以被保护的名义受到更多的控制和干预。以中国学校中的儿童为例，几十年前的儿童上学放学都自由得如同小鸟，他们拥有更多自主支配的时间和空间，现在无论是城市还是农村的儿童，都被感叹已然不再拥有"上学路上"。如何看待童年在时间轴上的变化（这里没有讨论单个儿童成长的时间性），会对现实情境中儿童立场的选择提供借鉴和参考。

5. 地域视角的童年

这似乎是很多教育者最容易忽视的关于童年理解和研究的一个视角。很多专家名师拥有传播宝贵经验的情怀，经常受邀到不同的地方上课，其中很多人同一教学内容的目标定位、过程设计等几乎没有任何变化。这就是最现实的证明。真实的情况应该是，北京的儿童拥有的童年和云南的儿童在很多方面是不一样的；广东的与河南的也不同；中国的与越南、英国的差异性更明显。更具体一点，同一个教室里的儿童，来自不同的城区或村庄，他们的童年在某些方面也存在巨大差异。

从生物学角度看，虽然在同一年龄序列上的儿童会拥有很多一致性，但的确也存在差异。这种差异性大多可以从社会身份的不同上找出因果联系，因此作为个体的儿童，是被年龄和身份相互交织的具体形态所定义的。作为教育者，涉及"一个"童年还是"多个"童年的问题，要坚定一个判断：童年不仅是一种自然事实，而且更是对这种事实的解释。(《童年论》)"一个"对应的是"多个"，"多个"的重要维度就是个体性和差异性。"一个"关注了儿童成长的社会和制度背景以及统一性，"多个"尊重的是个体的特殊诉求，需要教师给予特别关注。相同的年龄、共同的班级、统一的课程等，都无法抹去家庭、智力、兴趣、性别、身体等方面的差异性。身为教育者，在观念和实践中强调儿童立场，就是在尊重背景的前提下关注、尊重、呵护不一样的童年经验和成长选择。这是重新检视儿童立场的理解前提。

二、基于视角融通的实践智慧：教育者需要怎样的儿童立场

从不同的视角罗列童年观念和童年研究的具体成果，不是为了简单批判某种童年理解或者支持另一种童年理解，而是从不同的理解中发现各自的积极价值，实现不同视角的融通，从而更加全面地理解童年和儿童，并转化为教育者的实践智慧。

（1）教育情境中的儿童立场，首先不是儿童的立场，而是教育者对儿童的立场，它应该是基于广阔文化背景的对儿童的想象。当教育者谈论童年和儿童的时候，很多人会首先在自己的脑海中设定童年和儿童应该什么样子的标准，然后再以这个标准为参照展开观点。这种先入为主的标准设定也可以称作对童年和儿童的想象。无论童年和儿童的研究如何发展，针对每个具体儿童的理解始终处在未完成的状态——"你所看到的儿童并不一定是真实的儿童"永远是一个真理性命题。所以，我们可以得出一个结论：童年和儿童一直是被想象着的，但这种想象不是幻想，而是以广阔的文化环境为背景、以对具体儿童的事实性理解为基础的想象。理解这一点十分重要。"作为一种社会身份，童年必须通过扎根于过去和现在那些不断发生改变的政治、哲学、经济、社会政策等集体观念来认识和理解。"(《童年论》)同时，我们也要清楚地认识到，在教育场域中，对于同一间教室中的儿童而言，课堂环境既是相同又是不同的。

相同的时间和空间，面对相同的期待，参加相同或相似的学习活动；不同的结构位置，不同的学习态度、兴趣、策略，不同的身份和家庭、文化背景。最后，带来的经验和结果对于每一个个体而言，总是不同的。现实中，有些教育者对儿童的想象简单粗暴、肤浅狭隘，或者以语焉不详的"未来"为标准，或者以一张试卷上的分数为依据，这样的儿童立场是残忍而可怕的。

（2）教育者需要基于同理心的儿童立场追寻。鉴于每个人方方面面的差异性，有一种观点认为同理心是不可能实现的，所以对儿童的教育最有力的行动就是控制。同理心强调的是相互的理解和信任，而非同呼吸共命运，认为同理心不可能实现是对"同理心"字面意义的误读。但是，误读得出的结论——控制，却是每个教育者树立自己的儿童立场绕不开的话题。一个四年级的男孩（来自海归家庭）在谈到自己与同学关系时说："我与他们不是一类人。"追溯到他刚刚与班上同学接触时，主动邀请同学到家中做客，初衷是与同学建立友好关系，结果却导致了他们之间关系的紧张。这个案例中，不仅是前面所谈到的成长文化背景，即惯习的差异带来的冲突，更有无处不在的控制的身影。努力与同学建立友好关系，是同伴文化的隐性控制；请同学到家中做客，实际上是家长的控制；最后得出与其他人不是一类人的认识，更是直接来自家长的观念；他无法从这个班级中脱离，即使脱离了这个班级，他还会进入另一个班集体中，这是制度的控制……无论是空间还是时间上，童年都是被控制最多的部分。理解控制的无处不在，恰恰是同理心存在的价值所在。控制的源头和控制能否被改变，儿童能从多大程度上认同控制的积极性，决定了教育者如何运用同理心取得相互理解和信任的策略与姿态选择。从根本上说，教育者的同理心是深思熟虑后的理解，而非自然产生的同情，它需要综合不同视角的童年观念（这个案例中有儿童经验的、家长经验的、地域视角的），可以被称为对儿童"理性的热爱与尊重"。

（3）教育者需要不断协商的儿童立场。真正为儿童成长着想的儿童立场不应该是先验存在的某种既定的立场。即使绝大多数人都认可尊重儿童天性是教育者应然的选择，或者也称之为一种儿童立场，但天性仅仅是对儿童的诗意叙事中被突出的自然属性，并没有囊括儿童的社会属性，所以尊重天性作为教育者的儿童立场是有缺陷的。卢梭说："人生而自由，却无往不在枷锁中。"这句话也可以用来指导教育者如何选择自己的儿童立场。教育者可以秉持自己的儿童理解，建立自己的儿童观，甚至建立起独属于自己的与儿童相处的原则，进而声称拥有自己的儿童立场。但是，童年的丰富性、发展性和具体儿童的复杂性决定了教育者必须是童年和儿童的持续研究者，要不断发现新问题并分析问题产生的新情境，探索新的解决办法和路径。从这个意义上来讲，教育者不仅需要已经被过去情境验证过的儿童立场，还要在与儿童的相处中，理解儿童，携手儿童的成长，不断建构自己的儿童立场。简单地说，就是教育者需要不断协商的儿童立场——童年一直被想象着的事实，也告诉我们应该做出这一选择。

学校控制场域下的儿童成长

——基于对"自由"与"枷锁"的分析

一、枷锁中的儿童选择

卢梭说:"人生而自由,却无往不在枷锁中。"这句话适用于社会中的每一个人,包括学校中的儿童。因此,教育语境中的"尊重天性",也就不是纯粹的诗意情怀,应包含了理性思考和判断,尊重的不是简单的自然属性或天然品性,而是儿童成长的一般规律性。

学校作为一种组织性的存在,甫一诞生,就拥有了规则属性,按照既定目标培养和塑造"人"是其根本职责。进入学校的每一个儿童或成人,无论被动或主动,都被要求学习内化学校规则,朝着相同的目标前进。

讨论学校中的儿童成长问题,"自由"对应的应该是"规则",卢梭所言之"枷锁",也应该理解为"规则"。但本文要讨论的与"自由"对举之"枷锁",还包括其本义。为什么呢?我们先来看一个案例。

一位一年级的教师,新学期一开学就遇上了一个特殊的学生——这个刚满六周岁的小男孩死活不肯上学校的厕所,嫌学校厕所脏。不上厕所导致的直接后果是小男孩在教室里尿裤子了。小男孩第一次尿裤子,教师与家长沟通后,综合各方面情况,判断原因是孩子贪玩,忘了上厕所,便颁布了一条班级纪律:"每节课后必须上厕所。"但是,小男孩又尿裤子了,原来他每节课后虽然都去厕所了,却都是"适可而止"——到了厕所门口就返回教室。教师再次采取了措施，开了班会，让孩子们认识到憋尿的危险性。小男孩几天无事，教师以为大功告成，没想到真相是他用尽量不喝水或少喝水的对策解决问题，导致口干舌燥，嗓子发炎……

这个案例中，判断学校厕所脏不脏和选择上不上，都是小男孩的自由，从尊重儿童人身权利的角度来考量，学校和教师应该尊重他的判断和选择。但是，当小男孩连续有几个小时时间都身处学校这一特定空间范围内，却不上厕所解决大小便问题，显然对其身体会造成伤害。这种情况下，教师颁布了"每节课后必须上厕所"的班级纪律，明显是为儿童的健康着想，维护了儿童的健康权。如果小男孩遵守这条纪律，就要被迫放弃不上学校厕所的自由；如果不遵守这条纪律，就会持续伤害自己的身体，损害自己身体的健康权。那么，"每节课后必须上厕所"这条纪律，是规则还是枷锁呢？以小男孩为主体进行考量，这条纪律显然是强加的，他并没有以主体的身份参与协商和制定；同样，学校厕所气味难闻，蚊虫飞舞，这样的厕所环境也是小男孩无法选择和改变的。所以，这条纪律对于小男孩而言，不是规则，而是枷锁。这是我们将"自由"与"枷锁"对举的第一层意思。

第二层意思是，在很多情况下，儿童以主体身份参与协商制定的规则也是他们眼中的枷锁。有一个哲学命题是"禁止与引诱"，只要是规则，必然包含了"禁止"和"控制"，之所以"禁止""控制"，从单向度考虑，是为了尊重和保护他者的权益，尽管反之亦然，很多人还是觉得"禁止"和"控制"是对自己的约束——儿童更容易有这种感受。"设身处地"是理解规则合理性和必要性的应有姿态，儿童往往也能懂得这一点，且大多情况下明白违反规则的不良后果，但在他们的心中，规则本身就是枷锁。

面对"规则"或"枷锁"，不同的儿童会有不同的选择，有的选择遵守（屈服），有的选择直接对抗，还有的选择二次调整策略。上面案例中的小男孩面对"每节课后必须上厕所"这条纪律，就运用了二次调整策略——下课就去厕所，到厕所门口就返回。他这样做，与一些儿童把玩具藏在口袋或书包里，以应对"不准带玩具到学校"这一规则有异曲同工之处，都属于儿童的二次调整。

学校中的儿童，遵守规则是成长，二次调整也是成长，直接挑战规则同样是成长。这是我们理解学校中儿童成长的基调，也是教育者尊重天性的理性认同。前者是符合教育目标的、合乎教育者期待的成长姿态，后面两种属于儿童自发的，或者创造性地吸收并整合成人世界解决问题方式的成长选择，教育者需要深入研究其成长价值并做出积极回应。

二、被控制的儿童成长

理解童年离不开两个重要的维度——童年的空间性和时间性，而这两个维度在学校中，对儿童自身的成长和如何理解儿童的成长，都具有重要的意义。自由离开了特定的时间和空间就无从谈起，规则亦然，而时间和空间有时直接成了儿童眼中的枷锁。我们讨论学校中儿童的成长自由与否，首先就要承认一个事实：儿童无时无刻不是被控制的。

这里要讨论的儿童成长的空间性和时间性，只限于学校环境之内——虽然我们很清楚，不仅学校之外的家庭、社会同样在这两个维度上对儿童的成长影响深远，同时，学校还始终与家庭、社会紧密联系，甚至不可分割。

课程赋予了学校特定的意义，为了使"人们最好成为什么样的人"的目标得以实现，策略性地将空间、时间、内容、联系、整合等要素结合起来，以便建构儿童在学校内的总体经验。"任何课程的核心组织原则是时间表，而时间表本身是国家意志的高度编码的空间化。"《童年论》中的这句话揭示了这样一个事实：学校课程以时间表或课程表的方式，赋予学校内的每一个空间单元以纪律性，使其成为为了儿童成长的具有特定意义的空间，儿童也就自然地被这样的空间定义、控制。一间间教室、一座座教学楼、学校的围墙等，将学校以课程和儿童成长的名义封闭起来，这种空间上的封闭，为的是塑造的目的，也是控制的目的。现今，越来越强调开放性、综合性或实践性的课程，尤其是最近提出的"研学旅行"，表面上让儿童在短时间内摆脱了学校内空间结构单元或围墙的控制，置身于更广阔更自由的空间，实际上，只不过是被控制的实际空间发生了转移而已。教育者，尤其是一线教师，如果不清楚这一点，就很难理解儿童在学校空间里的真实感受。

关于童年的时间性，可以理解为生命历程中的一个独立的时间段，也可以理解为时间的结构和秩序塑造了童年。从儿童成长的角度理解时间，它又是儿童以主体身份对童年的时间节奏的体验和参与，没有儿童主体的体验和参与，时间也就失去了意义。在学校中，童年的时间性首先表现为年龄的序列特征，它在现代学校中，特别是义务教育阶段，体现得尤为明显，如统一年龄入学，统一年龄毕业。这种统一，从制度层面完成了对儿童成长的控制，它简单地将所有儿童同质化，有特殊需求的儿童在制度层面就被忽视，或称之为视而不见——这是标准化对时间的管理加之于儿童的控制。当这种年龄序列成为制度化的一部分，人们就容易忽视其对儿童成长的实际影响。例如，大家在谈论落实教育或教学目标时，往往只谈"课程标准"是怎样规定的，当然也会说到"学段"这类时间概念，但并没有真正意识到这些目标所对应的儿童的年龄序列，更没有考虑到这种年龄序列本身对不同儿童差异性的忽视。这些目标将儿童的成长框定在"标准"中，也从实际上为特定年龄儿童分配了相应"楼层的房间"，而不会关心每一个儿童有没有能力登上那个楼层。笔者遇到一个孩子，六周岁入学时被测定心智年龄比同龄孩子落后了两年，而要推迟两年入学，家长就必须提供相关证明向教育主管部门申请，家长觉得这有损自尊，更担心孩子自己心灵受到伤害，便放弃申请，让孩子按"规定年龄"入学。现在这个孩子上五年级了，学业上始终无法跟上班级同龄儿童的步伐，也无法与同龄儿童正常交流。

对于儿童的成长，我们应该如何看待这种空间和时间的控制？学校中童年的空间性和时间性并非完全外在于儿童成长体验。从课程设计的角度可以肯定，学校中的空间和时间管理立足的是未来导向的视角，指向了儿童未来的样子。这是社会的必然选择，也是儿童习得成人世界规则和节奏的必由之路。在这必由之路上，儿童也并非以完全客体的身份"被控制"和"被建构"，他们也会而且越来越清晰地以主体身份去体验、参与，并进行创造性的自我建构，逐步发现这种空间性和时间性对自身成长的意义。教育者，尤其是教师认识到这一点，有助于与儿童展开理解性的对话，从最大限度上消解这种控制对儿童个体的伤害，共同发现学校中空间性和时间性的积极价值，建构儿童对成长的自主、自由体验。

三、自我实现是儿童成长的本质

既然童年是整个生命历程中受控制最多的阶段，儿童又何以实现自由成长？

空间和时间在学校环境中限制了儿童的主体性，同时也塑造了儿童的主体性。无论是成人还是儿童，他们的自我实现都只能在特定的纪律环境中才具有意义和价值。有人用农业来比喻心目中理想的教育和儿童成长，"尊重天性""顺其自然"成为教育叙事的追求。显然，传统农业只能聊以解决温饱问题，且难以实现置身其中者的精神启蒙。一个在课堂上肆意展现"个性"，随意走动且大声说笑的儿童，或者一个觉得体育锻炼累人就执意不上体育课的孩子，教师是否可以将责任归咎于学校里的时间和空间（即课程）对这些儿童的控制。问题的源头，要追寻到儿童是如何体验这些控制的，他们有没有真正以主体的身份参与到对这些控制的建构当中——缺失了主体身份的建构，也就放弃了自我实现的权利和愿望，纪律环境就成了令人恐惧的枷锁，而非可以内化为积极体验的规则。"天性"和"自然"都应该理解为规律性，是成长主体与纪律环境对话协商后相互承认的规律性。教师应该做的，就是引导儿童以主体身份去参与、体验学校课程。主体意识是实现自由成长的前提，也是自我实现的结果。现实教育背景下学校中的儿童，被当作主体，却没有自我感知的主体意识，这才是自由被异化的根源。

儿童是年龄和身份相互交织的具体形态所定义的。儿童在学校中的体验，是自我身份确认的过程，在这个过程中，儿童可能选择一种更加重视当下的世界观，而非如成人所期望的未来导向的世界观。教师读懂了这一点，就能理解儿童当下的心思和成长的需求，也就是拥有了教育意义上的同理心，从而让两种不同的世界观建立起沟通的可能。这样，"控制"或"枷锁"就不再是"自由"的对立面，而是"自由"的保障，使得儿童能够以主体身份体验到成长的滋味。

儿童的童年和成人的童年

童年是什么？是人生的一个阶段，是社会结构中的一个组成部分，是人类自身既不断忽视又念念不忘的心结。当我们将童年放置在个体生命体验的时间流程中时，它是每个人都经历和体验的一段生命历程；而当我们将童年放置在一个更加广阔的时空中，从人类发展的视角来观照，童年就成了一种社会现象，成了人类必须面对的一种社会建构的现实模式。从社会学和教育学的角度讨论童年，更多的不是关注以某种纯真情怀赋予的"童年"这个词的诗意和天真烂漫，而是以审慎的视角关注童年在社会中的地位和在教育中的成长价值。

当人们说"儿童的童年"时，无忧无虑、自由自在、天真烂漫、无邪、纯洁……这些词语就会活跃起来；当人们说"成人的童年"时，怀念、单纯的快乐、自然、艰难或美好……这些词就变成了令人回味的陈酿。但事实上，这些都不过是成人在不自觉的自我欺骗中，过滤出来的幻想中的体验或判断。真实的情况是什么样子的，需要我们尽量撇开脆弱的忧伤和虚幻的怀想，用理性剥离包裹真相的层层精美的玻璃纸，让事实以本真的面貌呈现出来，据此做出相对科学的分析和解读。唯有这样，我们才能为教育及社会的发展，提供具有积极建构意义的童年的真实面貌。

在人类发展史上的很长一段时间里，童年并不被重视，因为在成人的观念里，童年仅仅是成年的未完成状态，童年作为人生阶段中的一个时期，它的价值就是为成年做准备而已。因此，儿童也就不被重视，不可能拥有独立的社会地位。随着社会经济和文明的发展，尤其是现代学校的诞生以及社会学和教育学的发展，童年开始成为研究和关注的对象，儿童在社会中的地位开始得到重视，直到现今教育语境中儿童立场的出现，童年和儿童似乎受到了前所未有的尊重。但是，当人们在文件、论文、文学作品中讨论童年和儿童时，讨论者的身份往往都不是儿童自己，而是早就远离了童年阶段的成人。那么，同样身为成人的教育工作者，尤其是中小学教师，到底应该如何认识、对待童年和儿童，必然仍有许多问题需要研究，有许多矛盾亟待解决。例如，童年到底指谁的童年？儿童自己的童年还是隶属于成人的童年？儿童立场指的是"儿童的"立场，还是"对待儿童的"立场……如此，都可归结为一个话题：在教育语境中，儿童的童年和成人的童年如何展开对话，如何助力儿童的生命成长？讨论这一话题的必要性还基于这样的事实：教育现场中，教师已经是成人；教师曾经是儿童，但不再是儿童；教师拥有过的童年，与儿童正在经历的童年，既有相通之处，更有巨大的差别。

一、谁的童年

谁的童年？这个问题的答案应该由谁来给出呢？或者说，最终应该以谁的答案为准？这应该从童年之于成长的价值来考虑。研究表明，一个人童年的经验会影响其成年后对世界的态度、为人处世的方式甚至人格，或者将经验直接转化为自己对待世界的行为，或者经过反思和批判避免这样的经验再经由自己加诸于人。（这里需要提一下童年的象征含义，例如，可以把教师入职的头几年看成其职业生命中的童年。同样，有些教师会将入职之初从老教师那儿习得的职业认知和行为模式直接运用在自己的职业行动中。）因此，从主体角度给出答案，童年应该是属于儿童自己的；作为自认为对儿童的成长负有不可推卸之责任的成人，要认识到，自己的陪伴和引导，无论多么重要，也无法替代儿童去体验他们正在经历着的童年。贾平凹在《天上的星星》一文中通过小孩子的眼光来判断大人与儿童的关系，就如同天上的月亮和星星——月亮一出来，星星就黯淡了。文章中的大人和孩子之间存在着某种对立，这种对立源自于相互的不理解。孩子不理解大人为什么要随意骂他们，呵斥他们；当然，大人沉浸在自己的琐事里面，也无暇去听一听孩子的心声。在那个年代，成人似乎不关心儿童的童年，他们也不知道如何参与到儿童的童年经验的建构当中。

那么，今天的成人——教育者懂得如何尊重儿童的童年了吗？这仍然是一个值得深思的问题。语文教师让儿童写自己亲身经历的事情，只有能体现出"意义"的事情才是符合教师要求和口味的，儿童被逼着与自己经验中的童年划出界线，为了迎合教师不得不去虚构故事。教师没有意识到，他主导了一次儿童具体的童年经验——被控制着去编造或曲解童年经历。这依然是儿童的童年，因为他们才是经历者、体验者和经历体验的内化者。但同时也给"谁的童年"带来了复杂性——儿童的信仰、关注内容、价值观念等并非都是主动习得和建构的。这就如同成人经常鼓励儿童要"做最好的自己"一样，很多时候，儿童是否成为"最好的自己"，评价的主体不是儿童，是成人。这一事实使"儿童的童年"呈现出其脆弱的一面——不过，儿童正在经历的童年体验永远只对他们自己有内在的价值。这是问题的关键。

接着要讨论的问题是：成人的童年哪儿去了？成人或有意识或无意识地参与到儿童此在的童年体验当中，却不可能从生命建构上反客为主，成为儿童的童年的所有者。但是，成人的童年也并非已经成为过去时，它依然以某种方式正在进行着。几乎所有与儿童打交道的成人——教育者或者家庭中的角色承担者，都不可避免地会重新唤醒自己的童年体验，有的还会重新审视，甚至重新建构自己的童年经验。有一种人经常会有意无意地做这件事，那就是作家。不过，作家对逝去的童年的唤醒和审视，往往选择性十分明显，即使如王蒙那篇《我没有童年》，谈的还是童年的天真和快乐；日本诗人金子美玲，虽然从三岁起生活的不幸就与其如影随形，其诗中的童年却自然、纯真而温暖。诗人笔下的童年并非诗人经验的童年，多是其梦想中的样子。不得不以负责任的姿态与现实中儿童打交道的成人，必须唤醒和审视的是自己真实的童年经验，以确保其能在童年的多重对话中，看清童年经验在生命成长中的真实价值。从这种意义——责任上来说，童年不仅是儿童的，也是成人的。发现"童年价值"，既是指儿童的自我实现，也是指成人对童年价值的重新确认。

二、两个童年的对话

成人的童年与儿童的童年存在着不同的对话方式。不同的对话方式带来的教育生态和成长结果是不一样的。

1. 零对话

这种现象存在于任何既有成人也有儿童的环境中，包括社会、学校和家庭。零对话当然不是指成人和儿童之间没有语言或行为上的交流，而是指没有童年身份和理解的交流。以教室里的对话为例，当两个儿童为了一件小事发生矛盾争吵或打架时，教师直接将班规或《小学生行为规范》拿出来，让两个儿童认错、相互道歉，再教育几句，事情似乎得到完美解决。但是，这里有童年的对话吗？教师是否见此情景，回想起了自己的童年——如果你曾经是一个男孩，与同学或同伴发生矛盾时，当时是希望大人来介入，还是宁愿自己来解决？抑或，争吵或打一架就是童年的你和同伴共同选择的最佳解决方案？如果你曾经是一个女孩，当时经历这种事情的体验是怎样的？也许已是成人的教师，早把曾经的童年体验遗失在逝去的时光中，那么，做一名谦虚的倾听者，或许能够唤醒遥远的童年光影。而这些，没有成为成人／教师的选择。

这里还有一个故事。小区门口，一个八岁的小女孩正在妈妈的严厉呵斥和打屁股的惩罚下哭喊着："我不去，我不去！"妈妈气急败坏："你这没用的，看我今天怎么收拾你！"这样的剧情持续了足有十分钟，直到两人都累得筋疲力尽。

两个童年因为具体的事情或关系联系在一起，他们的对话并没有任何一方的童年体验参与，这就是零对话。零对话造成的结果往往是上述的样子：虚假和谐或紧张对立。

2. 成人主导的对话

成人主导的对话，当然不是指像上面那种童年不在场的、由成人思维单方面控制的情景，而是成人以自以为是的童年理解为基础的对话。"童年是需要呵护的"，成人教师反思自己童年时在教室里的被控制和不自由，觉得当年身为儿童的天性没有得到尊重，这是一种不好的体验，便允许刚刚进入学校的儿童在上课时自由选择坐、站或躺。但儿童自己并不知道做出具体选择的意义和价值，有的会专注于自由选择本身，有的会把姿势的选择与课堂活动任务联系起来，有的会因为可选项的多元化而不知所措……成人教师没有做出进一步的观察、了解和回应。但是，是成人教师主导了这次对话——以自己的童年体验和理解的名义。这种对话也会出现在亲子关系中。爸爸把孩子带到图书馆，孩子要选择什么图书或者具体做什么，爸爸很大方地说："一切由你自己决定。"然后就真的由着孩子自己去选择了，不管孩子的选择是轻松的还是艰难的，是清楚的还是混沌的。爸爸心里想的是，自己童年时没有这样的选择权，当初也没有图书馆供他选择，如果是童年的自己，一定会享受这种选择的自由。这种对话也有可能呈现出相反的剧情，例如童年因为顽皮而受伤的体验，会促使成人小心翼翼，现身说法阻止儿童进行冒险性的尝试；或者将自己曾经的体验现身说法，作为指导孩子行为选择的依据。有这样一个案例：爸爸小时候因为个子较矮，在学校经常被欺负，回忆起来简直是"血泪史"。孩子上小学了，个子也不高。爸爸担心孩子会像他小时候一样，在学校受欺负，就跟孩子分享他的"血泪史"，告诉孩子在学校要学会自我保护："当别人欺负你的时候，你一定要狠狠地打回去，打不过也要打！"孩子流着泪，坚定地点着头。结果，这孩子成了班上的"刺儿头"，天天惹事。

此外，成人并不关心自己的童年经验，他们相信此在的儿童的心事单纯到一眼就能看透，他们不相信"童年是一直被想象着的"。例如，学校里的一群教师在"一切为了儿童"的口号下精心策划了开学典礼，准备了丰富多彩的节目，认为这一定是让儿童欣喜的开学礼物。但是，一个五年级的女孩在文章中这样评价开学典礼："然后是世上最没意思的开学典礼。每个人打扮成一种水果，接着主持人会称我们为'果果'，听得我的鸡皮疙瘩都起来了。"这样的评价一定让兢兢业业的老师们很失望，很尴尬。

不管是哪种形式的成人主导的童年对话，带来的结果似乎都是有明显缺陷的。因为这是一种不充分的、未完成的对话，其结果就是对话后的选择往往都是单边的决定——哪怕出自善意的单边决定，也是自以为是的，对于另一方也是强加的。

3. 相互理解的对话

儿童立场应该同时包含两重意思：儿童的立场和对待儿童的立场。前者强调的是对事实的尊重和理解，这里的事实同时包含儿童本身和儿童的观念；后者强调的是与儿童打交道的成人对童年和儿童积极主动的理解与行动。成人和儿童的对话中，儿童的立场和对待儿童的立场同时在场时，才有可能促成相互间的理解。

再以面对儿童间因为矛盾而争吵或打架为例。成人／教师在充分了解事情的前因后果之后，积极唤醒自己类似的童年经验，然后与当事儿童进行协商性对话："你们谁赢了？""问题解决了吗？""要不要老师帮助你们处理？"……这里的对话重点往往不是为了判断谁对谁错，而是倾听儿童真实的想法，了解儿童真实的情绪体验和心理诉求。

童年经验和事实证明，童年无论在学校、家庭还是社会环境中，相对于成人总是受控制最多的。有的控制是儿童在适应环境的同时就内化成为自己的行为准则，是几乎不被感受到的；有的控制会让儿童产生不舒服不自在的感觉，需要帮助才能体验到控制的积极价值；有的控制可能仅仅是成人控制欲的宣泄，会给儿童造成明显的心理压力甚至伤害。这些控制也是成人／教师自己的童年经验。基于对顺应、控制、需求等童年经验的重新体验和理解，完成与此在儿童童年经验的前对话，是成人／教师能与儿童展开真实的、理解性的对话的基础之一。基础之二是成人／教师对此在儿童的观察、研究，对具体儿童童年体验的充分理解，并因此而拥有的同理心。对话时，成人／教师要尽量袒露自己的真心，真诚地交流彼此的童年经验，让儿童感受到人格上的平等。如此，两个童年的对话才能促进彼此各取所需的成长。

家庭里的童年和学校里的童年

　　儿童的成长受不同的空间环境影响，使他们的童年体验具有了丰富性，同时带来了挑战性——或者激发他们的主体意识，积极进行自我协商，在不同的空间环境中进行经验的自主建构；或者丧失主体意识，在不同的空间环境中被动地接受控制，远离自我实现。如此，就造成了不同的童年现象：统一的童年和分裂的童年。

　　统一的童年和分裂的童年，表面上可以归结为空间环境统一或分裂的结果，实际上的原因要复杂得多。空间环境是一个集成概念，包括具体空间里的多个要素：建筑空间、人际空间、心理空间等。对于童年而言，影响最重要的两个空间环境就是家庭空间和学校空间。所以，我们现在重点讨论的是家庭里的童年和学校里的童年何以出现统一和分裂两种截然相反的现实情况。

　　先来看一个 11 岁小学生的故事。这是一个男孩，叫吴城。吴城二年级时转入现在的小学。刚来到新的班级时，吴城为了能尽快融进集体，尤其是交到朋友，放学时或周末热情地邀请同学到自己家里做客。同学到他家里，一面是热情招待，一面是各种各样的规矩，几乎所有人去了一次，就敬而远之了。吴城"见多识广"，常常在课堂上滔滔不绝地提供更多的"资源"，给同学们的印象却是"显摆"（班上同学接受访谈时候的用词）。不久，同学们就开始疏远他；见他敏感，还开始在忍无可忍时"欺负"（吴城的说法）他。四年级下学期的一个课间，他与同学玩闹，你戳我一下，我戳你一下。一开始是欢声笑语，很快吴城的情绪就变了，委屈地向老师投诉："他打疼我了！"与他玩闹的同学一脸茫然。吴城还会在回到家时向妈妈告状，妈妈就会向老师讨说法。吴城在这个班级三年的总体感受是自己不断受到伤害——来自同伴的伤害（吴城和吴城妈妈在与笔者座谈时的说法）。

仅仅读上面的这段话，人们很容易将吴城的情况归结于同伴交往中产生的问题。因为大家容易忽视这样几个细节：一是邀请同学到家里做客时，吴城读二年级，七岁到八岁的年龄；二是同学们是讨厌吴城的"显摆"，才疏远他；三是吴城将同伴间的玩耍解读成伤害，得到了妈妈的认同；四是学校里的老师并没有认同吴城及家长的看法。实质上，吴城的故事，为我们从家庭和学校两个不同的空间环境入手讨论童年话题，提供了一个意蕴丰富的案例。

童年经验的建构，是一个不断内化的过程。在这个过程中，家庭和学校为儿童提供了多方面的支持，给予了多方面的影响。当这些来自两个不同空间环境、对儿童来说都举足轻重的支持、影响趋于一致、和谐统一时，童年经验的建构往往是积极的、安全的；反之则是消极的、缺乏安全感甚至混乱的。

一、儿童是家庭中的一员

"儿童是家庭中一员"，讨论童年话题时，这不仅仅是一个简单的判断句，它在实践中有多种解读的可能性。第一种解读来自这样一种实践：儿童被看成家庭中独特且独立的一员，家庭成员给予其合适的关爱和尊重。有的家庭在儿童处于不同的年龄时，培养其相应的能力，让其承担起相应的职责，从而引导儿童积极探索并逐步确立"我"的位置和价值。人们经常用"乖巧懂事""聪明能干""有主见"等词语，来形容在家庭中不依赖、有责任感、独立能力突出的儿童。这样的儿童，家庭中童年经验的建构与自我实现的体验更容易趋于一致。当学校（包括幼儿园）尤其是班级里的老师，也将儿童看成集体中独特且独立的一员时，家庭中的童年经验和学校里的童年经验就达成了统一。从而，童年经验的自主建构在对"我"的多方面确认中获得了一致。

第二种解读来自另一种实践：作为独生子女或者家庭的重心，儿童顺理成章地成为所有家庭成员全方位无死角呵护的对象。从婴儿期开始，家庭成员就无条件满足儿童的需求，儿童最初及不断被强化的经验就是"唯我独尊"。这样的儿童，家庭中童年经验的建构无法与自我实现建立起积极联系，因为自我实现的体验是缺位的。显然，当这样的儿童从家庭空间环境走入学校空间环境后，对"我"的确认必将遭遇矛盾，童年经验将会经历一个复杂的重构过程。这里我们可能会联想到前面谈到的吴城的故事，事实上吴城的情况比这个还要复杂。

再来看看第三种解读，它来自这样一种实践：家庭中对儿童影响最直接、最深刻的成员，把自己"成熟"的儿童成长观念贯彻在家庭生活中，并延伸至家庭生活之外，而其观念却是片面的、自以为是的。例如，吴城的妈妈有两点重要的观念：一是要尊重孩子的感受，他有表达自己观点和选择如何行动的权利（实践中仅限于自己的孩子）；二是要尽量交更多的朋友，要与朋友平等相处，但朋友到自己家里做客，要告诉朋友遵守规矩，目的是让别的孩子学会"更高阶层"的、"更进步"的社交礼仪。（这让我联想起多年前打过交道的另外一个儿童的故事。他的爸爸与我聊天时，强调孩子在学校，要鼓励他"大胆"，如果与同学发生矛盾，允许他的孩子动手打同学，但要避免让他的孩子被打。）显然，吴城妈妈的观念直接导致吴城建构了两条经验：一是自己的观点是最重要的，二是自己比别的孩子所属阶层要高，懂得也更多，理应受到更多的尊重——这是他们之间不同的根本之处。后面故事中的儿童通过家庭建构的童年经验与吴城是一致的。显然，导致吴城在班级里总是觉得自己受到伤害的原因，是他只要求同伴尊重自己的感受，却不懂得顾及别人的感受，从而遭受同伴们的排挤。即使学校里的教师引导学生要相互尊重，但儿童从家庭空间习得的经验足够深刻，且家长不断强化这样的实践经验，儿童的自我实现就会遭遇自己无法解决的矛盾，对"我"的确认总是伴随着各种困惑、挫折，分裂的童年将不可避免地出现在这类儿童的经验中。

"儿童是家庭中的一员"，还有多种不同的实践解读，这里不一一列举。我们要弄明白的是，家庭空间环境是如何影响儿童童年经验建构的，对儿童的成长可能会带来怎样的影响。

二、为了每一个学生的发展

"为了每一个学生的发展"，这是学校给每一个儿童的许诺，似乎每一个儿童都将在学校中享有美妙的童年经历，建构起积极、幸福的童年经验。与"儿童是家庭中的一员"一样，实际情况十分复杂。这种复杂不仅来自每个儿童的独特性，还来自学校空间环境的复杂性，同时来自学校教育如何理解及用何种姿态，来面对儿童在家庭空间环境中建构的童年经验。

瓦解，重塑；忽略，暂塑；互动，协商……教师面对儿童在家庭空间环境中建构的童年经验，可能会有各种不同的选择。无论哪一种选择，对不同的儿童童年经验的塑造带来的经历和结果，都会各不相同。还有一个需要引起重视的事实是，这两种空间环境都是儿童无法以主体身份做出选择的。对于每一个个体而言，童年只有一次，不可能从头再来，重新经历。这更加说明，教育者如何参与儿童童年经验的建构，需要在认真研究的基础上，做出慎之又慎的定位和选择。

班级制背景下，教育者不可能做到为每一个儿童量身定制两种空间环境对话的、各不相同的具体形式。"为了每一个学生的发展"，是美好的教育愿景，却不可能做到在相处方式、课程定位、成长目标等方面都指向独特"一个"。承认这个现实，不是为教育者找借口，而是为了提醒教育者，我们如何行动才能尽力避免因为学校教育导致儿童童年体验的分裂或消失。

先来看一个儿童之"我"是如何在学校里"消失"的案例：

张尚是一个在婴幼儿时期被家庭成员过度保护的男孩，加上营养失衡，导致身体和心理发育滞缓。进入小学时，不仅身体显得瘦小，肢体协调能力、语言交往能力都与同龄儿童有明显差距。张尚父母在老师的提醒下，带张尚去儿研所检查，结论是他的心智发育比同龄儿童滞后两年左右。出于多方面原因，尤其是父母顾忌孩子的自尊心，张尚还是和同龄儿童一起，开始了小学学习生活。在家庭里，张尚完全听从父母的安排，努力在父母的辅导下一一完成作业；在学校里，他是老师和同学们保护的对象，但是，他无法融入任何同伴文化之中，课间总是呆呆地站在旁边，观看其他儿童游戏、聊天。几乎整个小学六年，他都没有在学校里交过一个朋友，也没有与老师有过主题明确的对话——只要老师表现出对他的关心，他就会流泪。在小学六年里，除去读书，张尚与同学、老师的交流次数、时间的总和，可能不及一般孩子一个月的量。老师多次与张尚父母谈话，对张尚在学校里的成长体验表示担忧，但在父母的坚持下，张尚还是在几乎"被"封闭的状态下读完了小学（这里的"被"，指的是他自己无法掌控下的自我封闭和老师同学不得不为了保护他而做出的妥协）。

这看上去仅仅是一个个案，但从现今随班就读政策可推导，类似于张尚这样被学校空间环境边缘化的儿童，总体数量还是不少。再加上很多同样无法融入同伴文化和学校空间环境的儿童（一些成人用"我没有童年"来表达自己曾经在学校里的体验，也证明了这一点），这就是一个不小的数字。在学校空间环境中无法完成具有清晰主体意识的自我实现，首先是缺乏足够明确的自我体验，我们称之为"我"的消失。"我"的消失，并不等于儿童在学校空间环境中完全没有童年体验，而是童年体验失去了主动性，缺乏自我建构的意愿和能力，最终有可能导致儿童放弃自我判断，成为孤独而"听话"的人。

童年体验的分裂来自另外的事实，基本特点是家庭空间环境与学校空间环境因为理念和行动等都处于对立冲突中，并相互既无妥协，也无对话。吴城的例子，是其中一种类型。从学校空间环境上寻找原因，吴城童年体验的分裂可以分为两个阶段。第一个阶段是同学自发的疏离和排斥，教师只是用"团结友爱"来引导其他学生，没有研究吴城所处家庭空间环境及其对他带来的认知体验。第二个阶段是家长觉得吴城在学校受到心理伤害而指责教师时，教师阐明学校的育人理念，得不到家长的认同。这一切使得吴城在学校空间环境中的童年体验伴随着困惑、痛苦和挣扎，且不断加剧。这种童年体验的分裂，首先是人际空间带来的矛盾体验，接着作用于心理空间，最后会使建筑空间也附着上鲜明的心理色彩，儿童一踏进校园就开始启动另一种体验应对模式。

还有一种普遍的现象，即儿童在家庭空间环境中始终处于中心地位，他们可以不承担任何责任，不遵守任何规则，却总能得到物质和精神（欲望）上的绝对满足，进入学校空间环境之后，却发现原有的中心地位不存在了。一部分这样的儿童在学校空间环境中，依然寻求与家庭空间环境中一致的童年体验，既不肯妥协，也不愿探索新的经验。"我"的分裂就萌芽了。"为了每一个学生的发展"，教师就会遵循一定的教育理念，采取一定的行动策略，来帮助或促使这样的儿童培养规则和责任意识。一种策略是不断强化学校空间环境里的行动原则，确保儿童在可控时间和空间里行为得到暂时约束。有些儿童为了安全起见，会进行二次调整，以赢得信任，再不断尝试探测学校空间环境中的底线。教师的这种策略忽视了儿童在家庭空间环境中已经习得的经验事实，儿童新的童年经验的建构无法实现。当其中有些儿童依然我行我素时，教师想到了向家长施压，试图通过家长的介入瓦解儿童已有的童年经验，重塑新的经验。没有主体意识参与的经验建构是不可能实现的，教师试图通过瓦解达到重塑儿童新的经验，往往会以失败告终。如果不积极促进家庭空间环境做出实质性改变，以逐步与学校空间环境达成一致，儿童童年体验的分裂就不可避免。

如此，唯有为了具体的儿童，学校空间环境与家庭空间环境进行积极互动，让儿童参与协商，才能帮助儿童从"我"的分裂逐步迈向"我"的积极统一。

"为了每一个学生的发展"，教师不能只注视学校里的童年，也不能只将儿童在学校里童年经验的建构停留在自己的想象中，而是要积极促成家庭空间环境与学校空间环境的互动、协商，为儿童建构统一的童年体验采取富有智慧的教育行动。

童年与同伴文化

一位二年级的教师聊起班上的学生，说有三个孩子一直让她感到困惑。原来，这三个小男孩形成了一个"小团体"，总是抱成团惹事儿。主要是三个人相互壮胆，多数情况下都贪玩破坏大家约定好的规则，偶尔也会所谓仗义地为其中受"欺负"的同伴伸张"正义"。做了不合适的事情，第一时间相互指责三人中的"始作俑者"，其中被老师做工作后行为改进得到肯定的一个，还会被挤兑、威胁。领头的这位向来不服成人管教，非常冲动，吃软不吃硬，贪玩，兴趣偶尔在感兴趣的内容上（据说家庭教育良好）；一人多动、冲动，有点痞气，爱招惹人，缺少同伴，容易被诱导（据说家庭教育缺位）；一人没有主见，反应慢，缺乏自信，很难在学业中获得成就感（据说家庭教育缺位）。

这是一种很有意思的现象，尤其是三个家庭背景、性格特点等各不相同的儿童，形成了一个比较稳固的"小团体"。我们姑且称之为"三剑客"——这种借用没有褒贬的区分，仅仅因为他们是天真烂漫的儿童。大仲马有一部名为《三剑客》的作品，其中的"三剑客"指的是三个好朋友，名字分别叫阿多斯、波尔朵斯和阿拉米斯。这三人也性格各异，阿多斯处事老练、疾恶如仇，波尔朵斯粗鲁莽撞、爱慕虚荣，阿拉米斯举止文雅、灵活善变。《三国演义》中有桃园三结义，抱成一团的刘备、关羽、张飞同样具有各自不同的鲜明性格。联想到两部小说中成人"小团体"的故事，是因为他们之间的友谊——如果可以称之为"友谊"的话——同样与三个儿童之间的联系一样，是浪漫的。抛开历史叙事的宏大，大仲马笔下的三剑客，罗贯中笔下的刘、关、张，未必不是作者心中童话和童年愿景的反映。

童年需要同伴。同伴文化由儿童建构和创造，又反过来影响儿童的成长。

一、什么是儿童同伴文化

简单地讲，儿童同伴文化就是儿童在与同伴互动交往过程中创造出来的文化，包括他们创造和分享的日常活动、创生出的活动、价值观念及思想等。它具有公共性、集体性和行为表述性，既属于儿童活动环境的产物，又反过来作用于儿童活动的环境，在或主动或被动的活动参与中，儿童尽力完成对成人世界的理解或对抗，最终影响到他们对自身成员身份的塑造与确立。

在促进儿童发展方面，父母、家庭与同伴相比较，哪方面的影响更为重要？目前的研究没有得出一致的结论。父母、家庭对儿童的影响来自遗传和家庭环境，同伴的影响属于社会情境范畴。一般研究认为，儿童性格的形成受父母家庭影响更多，儿童自我身份的确立和社会交往行为方式的选择，却更多依赖于所处的社会情境。从目前中国儿童成长环境的普遍性面貌考量，儿童同伴文化，尤其是在学校环境中形成的同伴文化，对于儿童自我身份的塑造与确立，其意义比父母家庭的影响更为重要。一是家庭教育的自觉性和主动性普遍缺失，大多数父母与孩子的沟通形式单一、内容单调，很难给予儿童深入心灵的成长引领和价值导向；二是一段时间内仍然存在的独生子女问题，客观上导致了儿童从小对"所有权""分享"等概念的区分、理解缺乏必要的经验，进入幼儿园等同伴环境初期很难适应。我们现在普遍见到的，十岁左右的儿童完全不会积极管理情绪、处理人际关系等，都与在家庭中没有有意识习得这类能力有密切关系。理解这些，并不是否定父母家庭对儿童同伴文化的影响，恰恰相反，是为了提醒我们要重视父母家庭对儿童同伴文化发展的关键作用，因为儿童进入同伴文化，是带着从父母家庭习得的经验的；反过来，儿童在同伴文化中创造的新经验，又会影响父母家庭和日常的亲子活动。因此，为了在学校教育中能更好地理解、陪伴和引导儿童的成长，观察、研究、理解儿童同伴文化，并以谨慎的姿态介入儿童同伴文化，是教师必须面对的重要课题和挑战——这对预防和解决校园欺凌行为也有一定的价值。

二、儿童如何创造同伴文化

宽泛地讲，儿童同伴文化是在人际交往中创造出来的。但并非所有的人际交往都具有文化创造的意义。只有当儿童之间的互动交往成为比较稳定的活动形式（游戏、分享），促进了儿童价值观念及思想的形成，才能称之为儿童同伴文化。

首先，儿童进入最初的同伴文化，往往带有家长安排、规划的性质。在曾经的农村和城市，成人每天邻里之间相互走动，地理距离足够近的儿童之间结伴玩耍，往往是一种自然状态，少有家长安排、规划的痕迹。现如今，自然村庄逐渐消失，城市居民楼里的住户大多互不往来，儿童最初走出家庭，进入同伴文化，大多都是家长安排、规划的。例如，无论是游乐场、公园还是小区活动场地，家长要不就是提前约好了朋友带孩子一起玩耍，要不就是选择自己认为门当户对的家长和孩子互动。儿童互动交往时，家长会保持警惕，时时刻刻在旁边观察、指导，从而将自己的观念、原则贯彻在儿童的行动当中。儿童就是带着这些印记进入最初的同伴文化的。

儿童以相对独立的主体身份进入同伴文化，创造和分享同伴文化，是在进入幼儿园或小学之后。这时候，儿童生活的时间和空间中，同伴处于更重要的位置时，他们会主动尝试与同伴一起共同创造属于他们的同伴文化，或参与到已经形成的同伴文化之中，从而重新探索和确立自己的位置或身份。在幼儿园，我们往往会看到固定的两个儿童共享玩具或游戏，他们总能友好和平地相处；当第三个儿童参与其中时，矛盾冲突就会频繁出现，因为他们都想自己来控制协调彼此之间的关系；更多的儿童一起完成一个游戏活动，就需要依赖教师的组织。进入小学，情况会发生变化，比较固定的三个人或四个人的小团体会成为同伴文化中较普遍的互动交往模式。至于这样的小团体最初是怎样形成的，如前面所提到的"三剑客"现象，有的是偶然的，有的是环境先将他们区分出来，有的是他们之前就认识（来自同一个幼儿园或父母之间熟悉），有的运用了观察、试探等策略。绝大多数儿童都有进入同伴文化的愿望。笔者在《家庭里的童年和学校里的童年》一文中，讲述了一个名叫吴城的儿童的故事，他主动邀请同学到家里做客，就是希望能创造同伴文化，并且希望能成为同伴文化中的控制者和主导者。对自身的认知和判断，以及不同的交往需求，直接影响儿童选择游戏的形式和对象，同伴文化的创造往往反映了儿童内在的成长需求，反过来，比较稳定的同伴文化又会促使儿童对认知和行为做出调整。

游戏与"小团体"是儿童创造同伴文化的方式和产物。在学校，课间，经常见到儿童三五成群地在一起，玩各种各样的游戏。《游戏的人》中认为，游戏就是游戏，没有除了其本身之外的目的。当几个固定的儿童在一起乐此不疲地玩着重复的游戏时，这个观点从表面来看是成立的。但现实中，儿童的游戏更加复杂、多彩，因为他们的游戏不仅有明确的发起者，还会有控制游戏的主导者。这样，游戏当中就同时存在分享文化、层级区分、身份确认等内涵。笔者的班级里，就有三个男生长期在一起玩"奥特曼打怪兽"之类的游戏，四年级时人数开始发展到有时四个，有时五个。通过持续观察发现，一开始他们仅仅是在课间一起玩游戏，后来他们无论是上洗手间还是中午去餐厅，都会约着一起行动，甚至在餐厅每个人吃的饭菜都是一样的。他们将游戏和"小团体"融为一体，加入游戏就必须成为"小团体"的一员，服从"小团体"的"规则"。

儿童创造同伴文化的年龄差异。儿童创造同伴文化的方式和同伴文化呈现出的具体面貌，受多方面因素的影响，比如性别意识、阶层意识、社会情境、成人干预等。这里单独将年龄差异拿出来分析，一是以年龄差异为例，启发我们看到儿童同伴文化创造的复杂性和多元性；二是年龄差异会很鲜明地体现在儿童同伴文化中，从而让我们清晰地观察到儿童同伴文化的共性和个性特征。物质游戏更多地出现在年龄偏小的儿童中间，如幼儿园和小学一二年级的儿童。物质游戏大多以分享为主题，逐渐发展为控制。规则游戏、身体和语言游戏广泛存在于十岁左右的儿童之间，如追跑游戏、脑筋急转弯等，这些游戏伴随着身份认同、自我价值探索等。年龄更大的儿童之间，除了游戏，他们还会有秘密、人际关系建立、活动中选择伙伴、结伴出游、话题讨论或聊天等多种同伴文化探索和创造的方式。

三、儿童同伴文化如何塑造具体的童年

教师为什么要研究儿童同伴文化？因为儿童同伴文化反映儿童真实的心理和成长状态及需求，通过对儿童同伴文化的观察、分析和研究，可以发现和比较客观地评价儿童在同伴互动交往中行为的积极性和问题所在，从而有助于教师以真正的同理心，选择合适的时机和方式陪伴、引领儿童的积极成长和健康发展。当然，我们还是应该从儿童自身的角度，先来探讨儿童同伴文化如何创造具体的童年经验并塑造具体的童年。

文章开头的"三剑客"故事，就为我们理解儿童提供了很多有价值的信息。三个孩子为什么要抱团？首先是安全感的需要。从描述中可以判断，这三个儿童在家庭中都是缺乏安全感的，"据说家庭教育良好"的孩子，实际上是在家庭中受到了过多的控制，另外两个儿童在家庭中有被忽视的感觉。其次，为什么是"据说家庭教育良好"的孩子在"小团体"中占主导地位，他是将从父母行为中习得的"控制经验"运用到了同伴互动中。再次，他们为什么要捣乱？在找到一定安全感的基础上，他们还需要在班级里或者同龄伙伴中找到存在感和价值感，其中包含了对成人/老师权威的试探性挑战以及对成人世界的探索和理解。同时我们也要看到，这个"三剑客"关系存在内部的不一致性和松散性，他们之间的共同行动还缺乏规则和价值认同，因此一旦有外部力量的

介入，可塑性就凸显了出来。从三个儿童自身的成长看，这段经历十分宝贵，因为这是一个主动探索的过程；从教师的教育引导看，要深刻认识三个儿童行为背后蕴藏的成长密码，就必须先接受他们创造的具体同伴文化，然后才能有的放矢地进行干预和引导。

儿童在同伴文化中创造的童年经验是多元的、丰富的。他们聚拢在一起，不仅建立起友谊，还会经常发生争执和冲突。并非友谊就是积极的经验，争执和冲突就是消极的经验，对于具体的儿童来说，同伴文化中经历的一切，都有积极的意义和价值。随着儿童自我意识的增强，对事物进行判断的自主性更加突出，互动交往中的争执和冲突就越来越频繁。争执和冲突并不必然导致不可调和的矛盾和分裂，而是有助于建立起人际交往的秩序，有助于儿童之间培育、检验和维护诸如友情一类的关系，彰显或促进儿童的身份认同或确立。下面是笔者见证的一个真实故事。两个五年级的女孩，因为活动中一方对另一方行为的性质判断及采取的进一步行动，导致了相互之间的冲突。她们在周末的时候通过 QQ，相互指责，甚至谩骂。家长希望老师能介入这一冲突，教育孩子。通过谈话，我发现她们之所以不肯原谅对方，并不仅仅因为在具体事情上的误解，还因为她们原本把对方视为"闺蜜"，矛盾的焦点之一是对"背叛"的失望和愤怒。他们自己在这次冲突中，重新思考和定位彼此之间的情谊，并调整对"闺蜜"这一关系的认识；而老师的介入，又让她们习得了如何做到先沟通后下结论以及学会控制自己的情绪等。教师正视冲突，研究冲突背后的成长诉求，用同理心因势利导，就会有效避免校园欺凌事件的发生。

同伴交往对儿童性别边界意识的形成也十分重要。七八岁的儿童往往没有明显的性别边界意识，可以一起游戏，一起参与合作和共享活动；十岁以上的儿童性别边界意识开始鲜明起来，尤其是女孩。男孩会在男女儿童互动中，展示他们强壮、具有号召力的一面，女孩希望能展示她们的优雅和不可侵犯的性别领地意识。笔者曾经见到一个调皮的男孩，四年级时常常不经得允许就参与女孩的活动，女孩并不特别抵触；到了五年级，因为活动或游戏会有身体接触，女孩就明确拒绝他的加入。终于有一次因为男孩的强行加入，导致了身体冲突，男孩才意识到女孩不带他玩了。这对男孩来说，是很宝贵的体验和经验。

关于认识儿童同伴文化，还有很多需要深入探索和研究的内容，这篇文章仅仅是给教育者——尤其是一线教师，提供这样一个研究儿童的视角而已。

童年与阅读：在真切体验中发现自我

先来看看下面两段论述：

现代儿童发展心理学研究已经表明，儿童智能的发展存在不同的敏感期或关键期，其中语言发展的敏感期出现在两岁左右，三岁半至四岁半会出现书写敏感期，而阅读敏感期则出现在四岁半至五岁半左右。语言、书写和阅读，是相互关联的。在敏感期内，儿童学习相应的技能会比较容易，而错过这个时期则会发生学习困难，甚至影响终生。

受能力等条件所限，儿童不能像成年人那样随心所欲地安排自己的行动，但他们可以在图书和故事所营造的虚构世界里天马行空，从而获得精神上的自由。他们乘着想象的翅膀，高高地飞翔，能感受到阅读带来的无法比拟、无法替代的愉悦。

这两段话意在说明，阅读对于儿童成长的价值是巨大的，是不言而喻的。

人们在讲述诸多伟大人物故事或文化名人撰写自传时，几乎无一例外地会谈到童年阅读对其人生深刻而积极的影响。像《偷书贼》这类以阅读塑造精神和灵魂为主题的小说故事也越来越多。《偷书贼》中的莉赛尔，一个疯狂时代中的小女孩，不仅自己在阅读中收获了精神成长，而且通过为躲避轰炸的街坊邻居们读书，不可思议地振奋了每一个人的灵魂。

真正要讨论阅读与童年的关系，仅仅从先入为主地对阅读意义的推崇入手，于现实中正在经历着童年的儿童来说，是不全面的，也是敷衍和不负责任的。

阅读与童年的关系，要放在真实而复杂的社会现实背景下做多角度的考察，尤其要关注不同儿童个体对阅读的不同体验，才能看清更多的真相。

一、儿童阅读的权利

从历史视角看，儿童阅读的权利的确是越来越得到尊重：曾经，大概20年前，中国大多数儿童看课外书被视为"不务正业"，老师和家长都不提倡儿童读教科书以外的书；在目前的教育语境下，儿童阅读似乎是被无限提倡和鼓励的，好像阅读已经成为儿童触手可得的权利和自由自在的享受。如何理解儿童阅读的权利呢？阅读的时间可以自己支配，阅读的书可以自由选择，阅读的方式可以自主决定……这些，毫无疑问都属于儿童阅读的权利。

出版业发达、每天新出版的各类图书数字庞大到令人惊叹的今天，儿童阅读的环境的确越来越宽松，儿童阅读有了更多的选择，但受各种因素的限制，儿童阅读又总是无时无刻不处在被动之中。正如童年是受到控制最多的成长阶段，儿童阅读必然会以呵护和指导的名义受到更多的控制——在成人的认知里，儿童在能力等方面是欠缺的，是需要帮助和指导的。

在家庭里，儿童读什么、怎么读，不仅总是在家长的控制之下，还会受到家庭条件、观念等因素的影响。一个缺失阅读氛围或者经济条件有限的家庭里，图书常常是很稀有的资源。这种对儿童阅读权利的隐性限制，对于身处其中的儿童个体来说影响至深，但很少从儿童阅读权利角度受到关注。

在学校里，学业负担的压力体验首先来自教师的一言一行，而教师的言行又受到课程设置和教师业务评价的影响，儿童阅读就处在如此现实的环境中。图书馆里可能有很多适合儿童阅读的书，但儿童每周能够进入图书馆自由阅读的时间受到了严格的限制；教室里的整本书阅读，书籍的选择权不在儿童自身，甚至也可能不在教师手里，而在教材的规定中和各种书单里；课下看似可以自由支配的时间里，可能是儿童阅读最自由的时候，也不可避免地受到时间和空间的制约，还有教师出于美好愿望的"关注"。

以上对儿童阅读受到各种控制的分析，并不是意图说明这些控制对儿童阅读权利的制约带给儿童的都是负面影响，而是说明儿童阅读的真相是复杂的，对儿童阅读的考察不能局限于成人视角——即便从成人视角来考察儿童阅读，成人也应该有共情的能力和自觉，也要有儿童立场作为重要的立足点。

二、儿童阅读的体验

阅读的体验首先是感性的，儿童尤其是。需要追问的是，有多少人真正关心过儿童阅读时最真切的体验？

当人们都在说儿童最初的阅读属于兴趣阅读时，这兴趣是与生俱来的还是被正在阅读的书激发的，或者是在与成人的互动中培养起来的呢？这些问题的答案都指向儿童最真切的阅读体验。

实际上，真正对阅读兴趣起决定作用的，不是儿童在读什么或怎么读，而是儿童读到了什么——从一开始，儿童阅读就蕴含了自我发现的需求。两三岁的幼儿听睡前故事，总会要求大人反反复复讲同一个故事，当大人企图换一个新故事时，幼儿就会提出反对或者表现出不开心。六七岁的小学生也会反复阅读同一本绘本或故事书。成人也有反复阅读一本书的情况，不同的是成人的反复阅读往往不是因为单纯的喜欢，而是有意识有目的的行为。与成人常说的"常读常新"不同，儿童反复听同一个故事或阅读同一本书，可能每一次从阅读中得到的体验是一致的，他们渴望在故事中不断遇见自己——潜意识中的自己。当儿童的理性思维得到进一步发展，开始有意识地通过阅读发现自我并建构自我的时候，阅读的体验就变得丰富起来，既有情绪情感的感性体验，又有思考判断的理性体验，阅读成为儿童探索自我和世界的一种方式。

儿童阅读体验的积累和发展与年龄的增长并不具有普遍的一致性，每一个儿童几乎都有属于自己的、独一无二的阅读体验发展线索和轨迹。昊和彤，一个男孩，一个女孩，都是六年级的学生。昊每天会投入地阅读《神奇校车》，而彤阅读的是《苏东坡传》《你是人间四月天》《解忧杂货铺》。一次草地聊天活动中，关于"我们为什么要阅读"这个话题，昊的回答是"阅读可以遇到有趣的故事"，而彤的回答是大多数同龄学生想不到的："阅读就是阅读而已，并不为什么。"彤强调说这是她们（指另外一个与她常常一起分享阅读思考的女孩）一致的看法，还说她们讨论过这个话题。同一个班级里，还有一个叫澍的男孩，他的桌肚里总是会有一本《明朝那些事儿》一类与历史有关的书，而对《城南旧事》《毛毛》等文学类图书没有多大感觉，聊起历史人物和事件，他会侃侃而谈，讨论文学作品中的人物，他就不上心了。女孩婕喜欢阅读心理学类的书，而男孩元喜欢读《射雕英雄传》一类的武侠小说。有意思的是，婕阅读心理学类图书，生活中总喜欢猜想同伴是怎么看待自己的；元读武侠小说，除了偶尔会与同伴聊聊故事情节和书中的功夫，更感兴趣的是发现故事情节中不被注意的线索……

一个班级里，自然状态下真正自由自在的阅读，呈现出来的是每一个儿童真实的兴趣倾向、阅读趣味和阅读体验。显然，这种多姿多彩的阅读景象，是"书单推荐阅读""班级共读""教材配套阅读"所无法企及的。一样的阅读，不一样的自我发现，才是儿童阅读的真谛。当然，这不是说儿童阅读不需要成人的互动和引导，相反，这一现实告诉成人，在为儿童阅读创造积极条件、营造积极氛围的同时，最能得到儿童积极呼应的互动和引导，要以对儿童真切的阅读体验的关注和尊重为基础。正如艾登·钱伯斯在《说来听听：儿童、阅读与讨论》一书中指出的，真正有价值的阅读分享是每个阅读者以开放的心灵交流读书经验。

班上还有一个男孩，学习能力相对弱一些，六年级之前，对阅读几乎毫无兴趣，但到了六年级，常常在课间安安静静地捧读一本儿童小说。他正在阅读的儿童小说是班上很多同学在三四年级就已经读过的，此时的他读得那么投入，那么享受。老师坐在他对面，与他聊正在阅读的小说，他很积极地分享自己对主人公的看法和阅读感受。"说来听听"，必须基于儿童经历了真实的阅读，有真切的阅读体验，如果回到两三年前，这个男孩不仅没办法针对手中的这本书"说来听听"，也不可能听得懂同学们的交流。阅读体验的差异，不仅仅是阅读兴趣倾向方面的差异，还有理解能力、思维方式等方面的差异。

可以想象，生活在不同地域环境、不同文化境遇中的儿童，文字理解能力基本一致的情况下，对同一本书的阅读体验一定会有更大区别。个性化是阅读体验的基本特征，每一个儿童在阅读中的自我发现都是独一无二的。成人除了应该为儿童提供更多的阅读选择和适宜的阅读环境，最要紧的就是对儿童阅读体验的尊重——只有以对个体性的尊重为基础的阅读引导和交流，才能是阅读与儿童的生命成长建立起更加紧密而积极的联系。

理想中的儿童阅读，应该完全是放飞自由的成长经历和体验。现实生活中，为了说明阅读之于童年的重要性，一句类似于广告语的话是这样说的：只要读起来，一切就水到渠成了。这样的理想和信念，的确是美好的，是令人期待和振奋的。不过，"读起来"，首先要解决的是读什么、怎么读的问题。我们不能认为，成人对儿童阅读的想象就是儿童阅读的真实图景，甚至不能认为，成人对儿童阅读所提供的帮助对儿童来说都具有积极价值——成人对儿童的帮助，常常是站在成人立场上对儿童成长的理解和期望，不可避免地会将控制与陪伴混为一谈。

成人只有立足儿童立场，看清儿童阅读的真相，才能基于理解和尊重，给予儿童阅读以必要的引导和互动，才能陪伴儿童一起在阅读中放飞自由，不仅认识自我，而且塑造自我。

童年的突围：从社会现象到社会力量

在学校教育场域中认识童年，理解儿童，如果仅仅将儿童看成具有自我实现愿望和能力的、在既定课程目标框架下成长的个体，习惯性地将童年局限在诗意情怀和文本叙事之中，我们就犯了自以为是的大错。因为我们忽视了，即使在学校教育场域中，儿童—童年也是一种复杂的、强有力的社会力量，尤其是当下儿童成为政策关注焦点、教育理念核心要素及各类消费（经济消费、媒体消费、教育消费等）的巨大市场的情境下。

一、童年作为一种社会现象

童年是人类社会发展中一种持续的、不断变化的社会现象。称其是持续的，是因为生命的繁衍使得童年不间断地在人类社会中出现；说它是不断变化的，是因为人类社会的发展变化同时反映在童年现象中。

童年作为一种社会现象，无论是在时间上还是在空间上，都是复杂多样的。比如，当发达国家将儿童看成社会结构中的一个具有独立地位的组成部分，并给予足够关注时，贫困落后的国家可能几乎没有人真正重视儿童的诉求和研究；而从历史的视角看，把儿童看成社会结构性类别，理解为每一个社会系统中的一个完备形式，是现代社会才发展起来的观点。作为教育者，了解这种复杂性和多样性的儿童现状与理解，有助于我们在全球性的背景下，认真审视我们本土性的儿童观，最大限度地洞察童年作为一种社会现象的社会学、教育学的价值和意义。在立足于本土来考察作为一种社会现象的童年时，将其放置于全球性的背景下考量，物质和习俗的差异、观念的不同等可能无法在短时间内消弭，但对世界的发现和认知、某些思想的沟通乃至达成相互的理解甚至趋向一致，却成为可期的现实。因为已经存在过和正在存在着的现实，让我们看到世界各国童年现象的诸多相似性和同质性。例如，相同心理学和教育学应用的背景下，对儿童相似的身心成长经历的关注；再具体一点，在童年阶段几乎必然会遇见的校园欺凌现象，在发达国家早就得到关注，那些还无暇关注的国家同样存在这种现象，且迟早也会得到关注……同时，在"课程"概念建构的不同理论中，以社会现象学为理论基础的课程观，强调儿童个体经验的历程和重建，提醒我们需要从童年现象中发现"个人经验历程"的课程价值。

童年作为一种社会现象，具有多种表现形式，这些表现形式的一个核心概念是某个特定时空区域内的儿童具有一些共同的特点。无论是童年自身在社会背景下自然、自发呈现出的图景，还是童年被国家意志、社会期待、教育制度等塑造出的图景，都在一定维度上具有共同特征。例如，从客体角度来看，有目前中国乡村儿童的留守现象、城市儿童带着家长的焦虑在各种辅导班之间奔走的现象、大多数儿童不被家长倾听和理解的现象、教育场域中儿童立场被滥用的现象等。

而从主体角度观察，又呈现出另一种图景。童年可观察可感知的直接对象是儿童本身。儿童和青少年、成人、老年人一样，都受相同的社会因素影响，但回应方式各不相同，这就使得童年作为一种社会现象，可以从不同角度得到比较具体的观察。在中国，如今，童年在时间和空间上越来越同质化，儿童成为显性关注的焦点，这不仅没有削弱儿童自身的理性发展，相反，却促使儿童更早地展现出理性的一面。这并非说儿童在心理上更早地成熟了，思维品质相较于从前提高了，而是指儿童知道自己在环境中更有发言权了。例如，越来越多的儿童知道自己在家庭中被呵护的程度，在学校中可以旗帜鲜明地主张自己的某些权利。第二种社会现象是，儿童的自主性在更多的公共场所和开放空间逐渐消失。例如，儿童不再拥有自主选择和控制的"上学路上"，儿童在学校中的时间和空间都被课程表定义，儿童只能在被组织被规划的前提下进入博物馆、图书馆甚至公园和野外活动。

总之，无论是从历史的角度，还是从现实的角度来看，童年作为一种社会现象，都是人类社会必然的存在，我们——尤其作为教育者，必须清晰地"看见"这种现象，还要深入地研究这种现象。这是为了能够从现象入手，通过一定的努力寻求到童年的本质，为的是更科学适切地为此在的童年提供必要的帮助、引领、陪伴。

二、童年作为一种社会力量

在一个教育成功经验展示交流会上，巨大的屏幕上显示着这样一句话——儿童站在世界正中央。在演说者诗意盎然地用这句话来阐释学校教育理念的先进性时，下面的听众也兴奋地在朋友圈里晒着这句金言。这句口号为什么那么显眼，那么煽情？如果我们仅仅认为这句话洋溢着教育的情怀，张扬了当下教育语境中的儿童立场，为自己的教育主张赢得了制高点，那只是看见了呈现在自己面前的现象本身，而没有看清现象背后更深刻的本质——童年已经成为一种能量巨大的社会力量。不仅是教育，几乎社会的各个领域，都会因为关注童年，或者借力童年，赢得自己想要的筹码或话语权。

童年作为一种社会力量，似乎是从近代社会才开始出现的，而在中国，甚至是从现当代才开始出现，尤其是今天。童年之所以会在今天的中国成为一种社会力量，一是由于"人"的主体地位和独立性重新被发现，直接体现在教育理念之中，就是儿童的主体身份得到了呼吁式和权威式的确认。二是随着经济的发展以及社会、家庭对儿童各种诉求的积极呼应，使得儿童成为生活和文化消费市场的一支生力军，库克在《童年的商品化》中指出："当代儿童的童年与消费文化彼此交融在一起，失去了对方，任何一方都不能长久地存在下去。"

三是儿童历来被赋予了历史使命，今天的儿童背负的使命不仅包含国家意志赋予的理想，还有现实环境加之于身的功利性考量。

童年作为一种社会力量，具体体现在社会生活的方方面面。首先，儿童群体在游戏、玩具、家长的教育投资等方面十分明显地创造并左右着儿童消费文化。儿童有儿童的喜好和品位，成人有成人的考量和理由，这就导致儿童和成人在消费文化上的矛盾。例如，儿童喜欢的玩具可能是成人认为对成长不利的物品。在这种情况下，产品制造商和商家就会在顺应儿童趣味的同时，挖掘儿童商品的成长意义和价值，通过广告宣传，让成人觉得这些商品是对儿童成长有帮助的。例如，芭比娃娃会激发女孩的审美创造力，变形金刚能够满足男孩的想象和英雄情结，而各种各样造型的文具会让儿童爱上学习，益智玩具可以促进儿童智力的发展……诸如此类，都直接或间接地证明了童年作为一种社会力量的存在。如今愈演愈烈的教育培训，从胎教到高考辅导，从实体培训班到网课，占据了家长教育投资极大的比例——无论儿童自己乐意不乐意，他们都在其中体现出巨大的力量。

现今，各种主张、各种理念的课程改革在一些名校、国际学校高调上演，并且在很大程度上占据了朝向未来的教育的话语权。这些课程改革之所以得到追捧，无不因为它们都打着"让儿童站在世界中央"的旗号，既为童年许诺一个丰富多彩的成长经历，又为家长许诺了孩子的美好人生和未来。

就学校教育本身而言，儿童立场已经在某种程度上以大家心知肚明的方式达成了共识，所以，童年就成为影响学校教育的一种社会力量。这种影响也是复杂的，既促进了学校教育的变革和发展，也给学校教育带来了困惑和考验。如今，一所学校从硬件建设到软件配置，从课程构建到环境文化的创造，无不体现出以儿童为中心的教育理念和促进儿童全面发展的目标诉求。反映到具体的教育者，尤其是教师身上，师道尊严成为需要反思的观念，"发现儿童""尊重儿童""为了儿童"成为教师专业素养提升的必修课。这是"人"的解放在教育中的必然体现，是儿童这一社会力量得到承认的积极回应。但是，我们同时也要看到事情的另一面，即儿童立场缺乏科学一致的认知导致的异化。例如对儿童在学校犯错行为干预的畏首畏尾，儿童正常的运动伤害遭遇家长的责难等，表面上是"让儿童站在世界中央"，实际上是对儿童的不负责任——造成这种局面的往往并非学校教育本身。这种现实要求教师在教育情怀之外，更要注重提升专业素养和实践智慧，在理性和诗意的平衡中呵护童年，引领成长。

虽则童年在研究领域被承认为一种社会力量，但这种力量并非已经成为一种普遍的主动式的力量，甚至这种力量在很多情况下还没有被成人世界主动发现。曾经有一则新闻，讲的是一个参加了三周"庆六一"活动彩排最后被淘汰的小学生写信给教育局长，表达了自己的愤怒：六一儿童节是儿童自己的节日，表演节目的目的竟然是给领导看，因为怕领导觉得演得不精彩，就淘汰了辛辛苦苦彩排了三周的儿童，这算哪门子的儿童节！儿童立场是对儿童生命独立性的尊重，是最起码的生命关怀意识。在我们几千年的文明史上，原本没有过儿童立场——我们曾经是一个没有童话的国度，儿童不过是成人社会的准备品、附庸物，他们只有朝着成人规划的路线亦步亦趋地"成长"，才被认可。所以，童年作为一种社会力量，在主体和客体上总体表现出的是不平衡性，童年本身要在社会关系中获得独立地位和话语权，前景并不十分明朗。不过，有一点还是需要强调，那就是，童年这种社会力量，永远是一种朝向未来的社会力量。

三、童年的自主性和被动性

正如前文所描述的，童年作为一种社会力量出现在社会历史的舞台上，并不等于童年自然拥有了自主性。一方面，我们认为儿童有权利去享受他们的童年；另一方面，儿童总是以被呵护的名义处于被控制的境遇里。这就需要教育者对童年做出更加深入的研究，发现童年真正的自主性和不可避免的被动性，既要警惕主体性神话，又要避免教师本位，从而能够立足发展中的儿童立场，陪伴儿童发现自我实现的路径。

笔者阅读发表在《读者·原创版》2018年第5期孟小叶的专栏文章《我的小学老师》时，就感觉到童年自主性的脆弱，同时也窥见了让自主性张扬起来的可能性。"10岁以前，我们以为老师代表着一种至高无上的权力，她对我们做的所有事情都是天经地义的；10岁之后，我们开始对'自由'和'权利'有了模糊的概念，心里憋着一股火，想要对教师的高压政策进行反击。"虽然"我们"的"反击"最终以失败告终，但是我们从这里看见了童年自主性的一种自发状态。大屏幕上的"儿童站在世界正中央"，总体而言，仍然是成人用自以为是的姿态来替儿童叙事，"控制"依然是隐含在故事背后的本质属性，正如成人／教师常常挂在嘴边的一句话："我可都是为了你好。"但是，我们也经由两个角度，看到了童年自主性的强大力量。一是如孟小叶的故事中所揭示的，人，即使是儿童，寻求行动和精神的双重解放，是成长的必然诉求；二是虽则本质上还属于"替儿童叙事"，但也隐含了成人世界对儿童世界的积极反思，这类反思在一定程度上让童年获得了更多自主权。诚然，我们也不会忽视研究和文化的积极作用，例如各类童年研究的著作、孟小叶的《我的小学老师》这类的文艺作品等，都在为童年的自主性鼓与呼。

接下来，就是教育者如何尊重童年的自主性，又如何面对童年不可避免的被动性了。是继续做孟小叶笔下的教师，还是用批判的姿态检视自己的儿童立场，能够给予回答的，唯有我们的行动。

个体性是童年发展节奏的真相

在学校小剧场观看孩子们的比赛演出时，我有意观察了不同年级和不同年龄段学生的表现。高年级的学生不管是因为行为的自觉还是刻意对特定场合的回应，大多数时候都比较安静地观看，即使是同年级或同班的学生在舞台上表演，也很少表现出不同的状态来。低年级的学生总体上明显不同，看见同年级尤其是同班的孩子表演时，就如同他们自己上台表演一样，显得异常兴奋，不停地鼓掌加油，而别的年级表演时，他们就安静了下来，有时还会聊聊天。之所以有这样不同的表现，跟他们所处的年龄阶段、心理发展带来的认知和行为选择等有密切的关系。

心理学研究表明，儿童随着年龄的增长，心智也随之发展，这种发展具有一定程度的规律性。建构主义理论的代表人物瑞士心理学家基恩·皮亚杰提出了心理发展阶段理论，他将儿童从出生后到 15 岁智力的发展划分为四个发展阶段。"阶段"也可以理解为"节奏"，即心智发展的节奏。儿童的成长有心理方面的，还有作为心理发展基础的生理方面的，即身体的生长，也具有一定的阶段性——节奏感。皮亚杰认为，阶段出现的先后顺序固定不变，不能跨越，也不能颠倒。他又指出，任何一个特定阶段的出现不取决于年龄而取决于智力发展水平。皮亚杰在具体描述这四个阶段时，附上了大概的年龄范围，这只是为了表示各阶段可能出现的年龄范围。事实上，由于社会文化不同，或文化相同但成长环境与教育不同，各阶段出现的平均年龄有很大差别。这又恰恰在提示我们，童年的节奏，有规律性，在某种意义上具有一致性，但涉及具体的儿童，这种节奏总是属于个人的。规律性、一致性、个体性，这些是我们进一步探讨童年节奏的认知基础。

一、童年节奏的一致性表象

当我们用皮亚杰的儿童心理发展阶段理论来看待儿童入学年龄设计时，一般认为这是对儿童心智发展的一致性的制度回应。似乎，前面提到的小剧场故事也用事实证明了这一点。显然，人们做出这种判断时，忽视了皮亚杰强调的"智力发展"的决定作用——任何一个特定阶段的出现不取决于年龄而取决于智力发展水平。

往往，成人在制度层面对时间的规划与设计，不一定与儿童个体的时间体验相一致，大多是依据想象中的平均水平。成人往往将儿童对时间和空间的顺从看成理所当然的事情，这是现代学校制度建立并如此稳固的最坚实的、却被有意掩饰的信念基础。有无数的事实（虽然常常被成人选择视而不见、听而不闻）可以证明，在儿童教育上，成人在尽力利用既定的时间框架来塑造儿童心智发展的一致性节奏，而置儿童自身的时间体验于不顾。这就是童年节奏一致性表象产生的根本原因。

一位教师撰写了一个案例。班上有一位课上课下不断惹事的男孩，一次面对教师的批评时，当着妈妈的面理直气壮地说自己是没有吃药才捣乱的。教师马上以为自己找到了问题的症结：男孩一直以为自己需要吃药才能管住自己，妈妈忘了给他吃药就应该捣乱。教师"对症下药"，对男孩说了一番话，大意是"你现在能站着一动不动，说明其他同学能做到的，你也能做到，因为你和他们一样"。案例结尾这样写道：听到这番话，他睁大眼睛吃惊地望着我。从此以后他真的没病了。把每一个教育对象看成是忽略了经历、心智、灵魂丰富性的"一样"，很多教育者的理论依据就是儿童心智发展具有阶段上的一致性，所以强调"别人能做到，你也能做到"。实际上，这是用教育者追求的显性结果上的统一，来取代教育对象作为独立的个体生命实际上的多样性和特殊性。"别人能够做到的，你也应该能做到"，从儿童自身的体验出发，真正的意思是："我要求你做到的，你就应该做到。"案例中写"从此以后他真的没病了"，不知这"从此以后"指的是这次谈话后多长时间内的事情，这种结论的真实性是极其值得怀疑的。

上述案例中教师的观念与按年龄序列来组织班级序列的观念正好是一致的。这种观念就是基于或者就是为了塑造儿童"齐步走"的心智发展节奏。这种按统一的年龄进行的狭隘分类、认知与学业成就评价等，可能会对一些儿童造成严重的后果，比如降低或过分提升一部分儿童的自信心，同时也异化一些儿童的自我认知。

一个需要正视的现实是，之所以教师热衷于"尊重不一样""尊重儿童个体差异"的叙事，人们也因此而认为这样的教师之伟大，恰恰是教育制度对童年心智发展节奏一致性表象的强化，导致了常识的迷失，导致了常识性的教育行动被冠以发现、创造、智慧等高尚的赞誉。课程设计与学业评价的统一性、一致性，以及班级制，鲜明地带有工业化设计的理念，是"效率至上"的产物——也是现代人难以超越的选择。

再比如，我们谈落实教育或教学目标时，往往首先认定标准是神圣不可侵犯的，然后在标准无限正确的前提下再讨论具体的问题，却很少关注这些来自标准的目标所对应的儿童年龄序列内部的复杂性。这些目标设计通常将儿童的成长框定在标准中，从实际上为特定年龄序列的儿童分配了相应"楼层的房间"，而不会关心序列内部的某些儿童有没有能力登上"那层楼"。

正如文章开头发生在小剧场里的故事，尊重事实的科学描述总离不开"大多数时候""总体上"这一类的限制语，因为情况并非完全如是。表象之下，必有更加具体的真相。在这一点上，诸多心理学研究论著中，在儿童心智（智力、情绪、人格）发展阶段的划分上，都显得比较谨慎，给出的往往是几岁至几岁的年龄区间，而不可能限定于某一个特定年龄上，并且都会考虑更为复杂的环境、经历、文化等诸多因素造成的实际影响。

二、童年节奏的个体性理解

这是真相，是实质。儿童心智发展的节奏，总是属于儿童个体的，虽然塑造其节奏的因素有很多是外在的，如成长环境、文化氛围、教育影响等，但这些因素最终都必须内化为儿童的体验才能起作用。例如，一个从小在家庭中就学会了分享和情绪管理的儿童，在同样的学校教育环境中，有可能很快就在班级生活中收获自信，相反，另一些儿童要经历一个重新认同和挣扎的过程。

学校里，儿童心智发展的节奏到底是怎样被塑造和自我塑造的呢？我们可以从不同角度加以诠释。

1. 对一致性的主动追求与被动适应

教室里，统一年龄序列的儿童，经历着同样的时间和空间规划管理，学习着同样的课程，多数儿童会表现出成人所期待的成长状态，还有部分儿童总被认为"跟不上"——要么是学业上，要么是人际交往上，要么是规则上。班级制虽然是工业化的需求，虽然屡屡受到质疑，但不可否认的是，儿童在班级生活中，的确学会了很多本领，为将来融入社会做了必要的准备。正是因为学校成长环境中时空规划管理、课程设计的一致性，激发了儿童对个体性经验的重新审视，儿童开始了或轻松或痛苦，或短暂或持久，或积极或消极的自我调节和适应过程。这里，我们有必要讨论两种现象。其一，为什么同样是三年级的儿童，在遵守规则上，提出一致性要求之后，不同班级的儿童在整体上会有区别很大的表现呢？也就是有的班级儿童整体上会很快理解规则及其意义并积极遵循规则行事，有的对规则视而不见。研究表明，前者班级的儿童一定是在入学之初就开始经历有规则的教室生活，教师会在教室生活中明确提出一致性的、清晰的规则，并训练儿童遵守这些规则；后者班级的儿童缺乏一致性的、清晰的规则体验。如此导致的儿童不同节奏的认知和行为发展提醒教育者，儿童在集体生活中对规则的体验要从其刚刚进入集体时就开始，并且规则必须是一致性的、清晰的。因为儿童对成长节奏的个体性体验，在一直经历着频繁的无法自我掌控的学校生活中，是以心理代偿的方式逐渐内化的，而心理代偿需要经历一个过程才能内化为主体接纳的体验。心理代偿的方式分为主动和盲目，也就是主动追求一致性和被动适应一致性。不管哪一种，最终都成全了节奏一致性的表象。其二，为什么同一个班级中，总有儿童显得与多数人格格不入？这一类儿童，有的是对一致性缺乏理解的能力，有的是对一致性的体验总是消极的。这些表现对于儿童个体而言都是正常的，认识到这一点，教育者才有可能从理解儿童个体的体验入手，给予尊重和帮助——最终的目的并不是指向成长节奏的一致性追求，而是发现属于个体的节奏。

2. 对成人世界的理解与抵制

学校系统中固化的年龄设置和学校生活对时间的严格要求，以及家庭中成人对儿童活动时间的限制等，都会给儿童带来切身的时间体验，进而影响儿童对时间的自我管理和体验。克里斯滕森在观察小学生如何看待自己是否生病时发现，时间和节奏很重要，儿童关心的是生病本身，成人关心的是生病的真实性表现，需要用时间来证明。笔者也在教室生活中观察到，儿童为了拥有更多自我掌控的时间和生活节奏，常常夸大自己的生病症状，在上课时间提出要吃药，或者以生病为由在上课时抱着水杯。少数儿童这么做所要证明的是，他们只是儿童，他们希望成人能看清楚这一点并给予积极的回应。这里就同时包含了儿童对成人世界的理解与抵制。他们理解成人对自己的要求和期待，并利用这种要求和期待，以完成对成人的抵制。这一点正好告诉成人，尤其是教育者，童年的节奏本质上是个体性的，而非一致性的。教育者只有深入理解儿童是怎样想的，才能针对性地引导儿童积极地理解一致性节奏的价值和意义——但并非一致性就是儿童成长的必然选择。

3. 自我中心的堡垒和反思

儿童在哪个年龄阶段最容易以自我为中心来建构自己的经验，来对世界做出判断和选择回应方式，一般认为有一致性的节奏。通常认为，六七岁是一个以自我为中心的年龄阶段，认知上，儿童以自己为宇宙中心，按自己的方式同化周围强加于他的智慧的影响；在情感上，只凭借自己的需要和情感去判断与理解事物及特点，不能按照客观规律去认识问题。随着年龄的增长，儿童因为对客观规律认识的发展，表现出"去中心"的发展倾向。但是，现实情况并非如此简单，同样是12岁的儿童，同样在一个班级里学习和成长，有的已经发展出"去中心"意识，有的仍然具有顽固的自我中心意识，而且差别十分明显。造成这种差别的因素可能有很多，其中家庭环境和教育的影响、思维能力的发展等起到重要的作用。笔者发现，那些到12岁仍然只凭借自己的需要和情感去判断与理解事物的儿童，大多生活在过度溺爱的家庭里，或者他们的思维发展水平比较滞后，缺乏反思的能力，无法通过理清事物之间的联系来进行逻辑推理。在班级里对学生进行"学习是快乐的还是累人的"调查访问，认为快乐的和认为累人的儿童明显对事物的认识不在一个认知层面上。面对不同心智发展节奏的儿童，教育者需要清楚他们在自我认知方面的个体性特征，才能知道在什么样的起点上给予具体的儿童以帮助。

4. 情绪管理影响心理认知的发展

情绪认知是情绪管理的基础，情绪管理能力的高低会影响儿童心理认知的发展。善于进行情绪管理的儿童，其思维更趋理性和逻辑性。儿童情绪管理能力的发展，并不是随着年龄的增长而自然提升的，教育和环境的影响至关重要。家庭成员愈善于进行积极的情绪管理，通常儿童也更早学会进行积极的情绪管理；学校教育如果重视情绪管理课程的落实，儿童也大多会积极地学习情绪管理。观察表明，相对而言，对儿童情绪管理能力影响更大的是家庭的影响。情绪影响儿童的认知和思维发展，脑神经科学告诉我们，脑中主管长时记忆的两个结构体（杏仁核和海马）都处在脑中的情绪区域。当学生处于负面情绪中，认知记忆会受不良干扰和限制。因此，童年的节奏与儿童情绪管理能力的发展有密切的关系。教育者重视儿童情绪管理能力的理解和培养，是帮助儿童个体积极进行童年节奏建构的重要举措。

总之，生命发展是有一定节奏的，作为生命历程中重要发展阶段的童年，心智发展的节奏总体上具有一定的规律性，但对于具体的儿童来说，个体性的节奏体验才是影响其成长的重要密码。文化、教育、家庭等期待的一致性节奏只是儿童个体性成长节奏的一个参照，绝不能代替儿童个体性的成长节奏体验，这是建立科学儿童立场的一个重要认知基础。

游戏如何创造童年价值

我们曾在《童年与同伴文化》一文中指出，游戏与"小团体"是儿童创造同伴文化的方式和产物，游戏当中存在分享文化、层级区分、身份确认等内涵。那么，游戏对于童年和儿童成长的具体价值和意义有哪些，又是如何体现出来的？教育者应该怎样看待儿童游戏？……

约翰·赫伊津哈在《游戏的人》中首先指出游戏就是游戏，没有除了其本身之外的目的，然后认为正是游戏的这种特性促使其在生命进程中具有不可替代的地位。"文化以游戏形式产生，即一开始就是在玩游戏。即便那些旨在直接满足生存需要的活动，比如狩猎，在古代社会也往往呈现出游戏形态。社会生活的形式超越生物学意义，具备游戏性质，其价值得以提升，正是通过游戏，社会表达出对生活的诠释和对世界的认识。"[①]这段话提醒我们，对游戏和玩耍情有独钟的儿童而言，游戏在其成长中的价值和意义应当是多么的丰富。

一、游戏与心理补偿

十岁的烜，沉迷于搓捏小纸人，每天在教室里用废纸搓捏出一个又一个小纸人，藏在桌肚里、书包柜里。下课时，他会一手拿一个小纸人，玩起小纸

[①] 约翰·赫伊津哈.游戏的人：文化的游戏要素研究 [M].傅存良，译.北京：北京大学出版社，2014.

人打仗的游戏，有时上课也会趁老师不注意时偷偷地玩。偶尔，他会邀请旁边的另一个男孩一起玩小纸人打仗。他们一边操纵小纸人，一边叙述自己想象的故事情节。这引起了我的注意，因为类似的游戏一般常见于学前儿童或一二年级的儿童身上，五年级的男孩大多觉得这种游戏显得幼稚，即使是玩想象中的打仗游戏，也多扮演电子游戏或科幻电影中的角色。另外一个值得探究的情形是，平时玩小纸人游戏时，他一个人只需要操纵两到三个角色，但他会不停地搓捏出新的小纸人，以至于不到一个星期的时间，积累了整整一方便袋的小纸人。通过观察和聊天，我逐渐理解了这个同龄人看来都十分幼稚的游戏，对这个男孩的价值，尤其是心理补偿的价值。

幼儿一开始参与同伴游戏，大多是基于分享和身份确认的需要，随着年龄的增长，到了小学阶段，这种需要会更加明显和明确。一个儿童发起的游戏有没有得到同伴的响应，或者自己有没有被热情地邀请参与游戏，都会伴随着儿童对自己在同伴中地位的判断和体验，进而逐渐形成比较固定的自我认知和评价。有的儿童在游戏中找到自信，有的儿童在游戏中发现自己总是被边缘化或者只能充当无足轻重的配角，从而导致自信心受损。儿童与大人一样，没有支配权和控制权，就会缺乏安全感。玩小纸人游戏的烜，因为在家庭中倍受溺爱，与同学相处时自我中心表现突出，缺乏对规则的理解和尊重，同时由于阅读的缺失，思考力的相对不足，在很多话题上与同学不在同一个理解层次上。随着年龄和心智的发展，烜逐渐意识到在家庭中轻而易举获得的支配权和控制权，根本无法在教室生活中拥有，沮丧感和挫败感促使他努力寻求心理补偿，直到有一天他无意中发现了小纸人游戏。那个被他顺利邀请参与游戏的另一个男孩，心智年龄发展被诊断为滞后同龄人近两年。在他们的共同游戏中，规则的制定、故事的编创等，创造游戏的烜总是居于支配地位。面对同学的白眼甚至嘲笑，烜从一开始的生气到后来的置之不理，说明他对自己的游戏行为有比较清晰的价值判断。对于一个有强烈的认可需要的儿童来说，通过自己创造的游戏获得心理补偿显然比面子更加现实。

烜在玩小纸人游戏时，与学前儿童的最大区别就在于，他不断增加小纸人的数量，而不是反复用三五个小纸人来组织游戏。他这么做，基于两个想法：一是不断创造新的小纸人是游戏的一个组成部分，二是被装进方便袋中的小纸人都是在游戏中被打败的"人"，被打败的"人"越多，他的成就感就越大。

了解和理解了烜在小纸人游戏中扮演的角色和他的心理体验，我们就不会轻易地用"幼稚"来评价他的游戏行为。游戏正好反映了他的成长困惑和需求，提醒教师和家长，烜在这一阶段的成长中需要怎样的陪伴、引领和帮助。

"儿童的幻想游戏是他们的情感寄托，帮助他们对抗各种忧虑和恐惧……"① 不仅一个人的幻想游戏具有心理补偿的价值，几个人的幻想游戏也可以帮助儿童对抗压力。除了在《童年与同伴文化》一文中提到的"三剑客"外，还有几个男孩一到下课时间，就聚在教室后面的世界地图前，他们一边指指点点，一边编创幻想的剧情，玩"战争"游戏。这几个男孩恰恰是在班级生活中和学业上遭到的批评更多，也被家长"关照"得更多。

二、游戏与身份探索

"我是谁"这样的哲学命题总是伴随着生命的成长和体验，无论是有意识的还是无意识的，无论是成人还是儿童，人们总是在用行动来寻求一个让自己认可的、能提供安全感的答案。儿童往往通过参与游戏来积极主动地探索"我是谁"。儿童同伴文化的一个核心主题就是"坚持不懈地试图掌控自己的生活"② ——玩耍和游戏是儿童进行这种身份探索的普遍形式和场域。

成人往往有一种错觉，觉得儿童因为年龄和身体的缘故，天然地具有对成人的依赖性，甚至依赖成人的权威，所以把儿童的游戏都看成幼稚的、无意

---

① 威廉·A·科萨罗.童年社会学（第四版）[M].张蓝予，译.哈尔滨：黑龙江教育出版社，2016.
② 同上。

义的玩耍。例如，当儿童乐此不疲地玩爬高游戏，站在高处向成人炫耀自己的"高大"时，成人仅仅报以温柔的微笑了事，没有意识到儿童是在用这种方式来挑战成人的权威。我们经常可以看到，几个同龄的孩子一起玩耍，一个孩子站上椅子告诉同伴自己最高时，很快就有孩子站上更高的物品以证明自己还要高，或者指出第一个孩子只是因为站在了椅子上才显得高而已。儿童对"高大"的迷恋，源自他们认为成人之所以相对于他们处于支配地位，就是因为成人长得"高大"——"高大"就是一种身份的象征。

还有一种情况也证明了这一判断。在角色扮演游戏中，一二年级的儿童都希望自己能扮演有控制权的成人角色，而年龄稍大一点的儿童会热衷于扮演大家公认的主角——班级戏剧选角时就会遇到这种情况。儿童这么在意角色的分量，既是源自对角色本身地位的理解，也是在同伴中进行自我身份的探索，证明自己是否得到大家的认可和重视。教育者读懂了这一点，往往就能根据儿童的心理，在具体情境中以理解和对话的姿态，引导儿童从不同的视角来达成身份认同。

身份探索总是在关系的建立和理解中不断得到回应，并不断努力创造个体的身份价值。儿童大多喜欢与确定的同伴一起共享某个游戏，在游戏中标示他们之间的特殊关系——认为他们是最要好的朋友，他们的相互信赖是团队强大的基础。五年级的曼、婕、萱三个人总在一起玩追跑游戏，并分享对班级同学的看法。她们视彼此为"闺蜜"，在对班级同学和事情的评价上寻求一致，如果其中一人有不同看法并试图说服另外两个人，第一时间就会受到质疑：我们还是好朋友吗？她们不喜欢其他人加入追跑游戏中，除非事先经得了她们的一致同意。她们这么做，一是为了捍卫友谊，二是防止属于她们的心理空间被"外人"入侵。如果要拓展团队，一定要三个人都欣然同意。这样的"团队"中，更有主见或主意的人，往往意见更加受到重视。

男孩子更加执着于幻想游戏，除了前面提到的心理补偿的需要，同时也在几个人共同经历的幻想游戏中探索自己的身份。他们经常会在故事发展到某个阶段，由谁来主导情节的发展而争执不下，就是有力的证明。

游戏创生了具体的同伴文化，实现了儿童身份的一次次确认。

三、游戏与知能发展

儿童参与的游戏一般分为儿童自己的游戏和成人设计的游戏（电子游戏除外），这两种游戏目的性可能有所不同，但都从实际上促进了儿童对知识的学习和应用，以及各种能力的发展。

体育游戏促进儿童体育知识的丰富和身体素质的发展，这早就达成了共识，其他类的游戏对于儿童知能的发展，同样具有不可替代的价值。

当儿童在游戏过程中停下来，就游戏的内容和规则重新进行探讨时，实际上他们就是在进行积极的反思，将经验（知识）的理解应用于当下的游戏，或者在游戏中学习并应用新的知识，以便使游戏更具有共同参与的价值。例如，下课时几个儿童围坐在一起，一边用手打节奏，一边轮流提问并逐个回答这样的问题："厨房里有什么？"这个游戏不在于输赢，而在于反应的速度和生活知识的积累，回答不仅要与问题对应，还要跟上节奏。要能够顺利地参与游戏并从中获得成就感，儿童还要善于赏析游戏中的妙处，如果对游戏规则和效果的追求了解不够，就会造成游戏中断，不得不停下来重新理解游戏规则。

《美国学生游戏与素质训练手册》一书中指出："游戏是培养孩子良好性格和社会技能的有效方法，最关键的一点是游戏还很有趣，能让孩子在玩耍中快乐成长。"这本书选编了103个游戏，这些游戏分别着力于培养儿童的团队协作能力、自信心、沟通力、发现力、情绪管理能力和应对力。这些游戏就是成人设计的游戏，儿童参与这类游戏，通过强化体验和积极反思逐步实现一定的成长目标。在文化课学习上提倡游戏化，也是基于游戏是儿童所喜闻乐见的形式，儿童能在游戏中通过变通和创新来获得知识。

四、童年与电子游戏

有一个教师小论坛讨论的话题是"学生可不可以拥有手机",反对学生拥有手机的理由都集中在学生会用手机玩游戏,并且会沉迷于游戏。这是一个挺有意思的理由,因为这个理由里,游戏,或者说电子游戏成了洪水猛兽。世界上好玩的事情那么多,为什么人们特别担心儿童容易沉迷于电子游戏呢?如果我们换一个角度来探讨,就能接近事物的本质:电子游戏凭什么容易让儿童着迷?我们前面讲过,煊每天玩小纸人游戏,也到了痴迷的境界;有的"小团体"连续几个学年,每天都会在下课时间聚在一起玩同一个游戏……在这些游戏中,有的满足了儿童的心理补偿,有的满足了儿童对友情的渴望,有的促进了儿童的身份探索,只是很多时候成人因为高高在上,误读了儿童的游戏,才自以为是地认为儿童的游戏不值一提。同样,儿童喜欢电子游戏,是因为电子游戏和生活中其他游戏一样,可以帮助他们实现分享的需要、自我确认的需要、情绪纾解的需要……教师和家长明白了这一点,才能理性看待儿童与电子游戏的关系,不至于使儿童沉迷电子游戏,否则,儿童即使不沉迷电子游戏,也会沉迷于天马行空的想象游戏当中。

在电子游戏还没有出现的年代里,童年也是与各种游戏密不可分的。冯骥才在《歪儿》中就写到,一群儿童玩踢罐电报游戏,也到了沉迷的地步;笔者小时候与伙伴玩游戏,经常天黑了还需要大人一再"威胁"才磨蹭着回家。电子游戏缺少了现实世界中的互动性,但一定程度上实现了儿童心中渴望的互动,这种互动隐秘地在游戏世界中展开,补偿了儿童在现实世界中可望而不可即的需要。如果成人能够积极地与他们分享,跟他们一起看,一起探索,甚至一起玩互动游戏,情况就会大大出乎成人的意料。儿童可能不再沉迷于电子游戏,而是沉迷于与成人分享游戏。

一款成功的电子游戏的开发,一定有洞悉了人们心理的机制渗透其中。童年的发展,儿童的成长,身体和心理都在路上,而心理的成长更加玄妙。教育者关注不到儿童心理成长的玄妙，无法从游戏中解读儿童的需要，任何游戏都可能会被看成无意义的浪费时间。

儿童参与已有的游戏，同时也会创造游戏。在参与和创造之间，包含了对规则的理解和自我实现的追求。海伦·施瓦茨曼认为，儿童不仅在游戏中尝试成人世界的精选内容，同时也把游戏当作"评论和批评的舞台"。没有游戏，就没有童年，就没有儿童的自我实现，游戏之于童年的重要性，即在于此。

正在进行时中的儿童自我塑造

惠特曼在《有一个孩子向前走去》一诗中写道:"有一个孩子每天向前走去,/他看见最初的东西,他就变成那东西,/那东西就变成了他的一部分,在那一天,或者那一天的一部分,/或者几年,或者连绵很多年。"表面看来,这几句诗是在告诉大家,儿童的成长会被遇见经历的事物影响和塑造;事实上,儿童作为心智成长的主体,所遇见和经历的,都必然要经过主动选择和体验,"变成那东西",是一个自我塑造的过程,而非被动改变的过程。

处在正在进行时中的儿童心智发展受多方面的影响,遗传、环境、教育、独特的经历等。这些影响最终通过儿童自身的体验形成个体性经验,在儿童的自我塑造中沉淀为儿童个体心智图景。只有认识到这一点,学校教育才能立足儿童立场,尊重并积极促进儿童的自我塑造。

一、说教为什么是无力的

有这样两句话是大家耳熟能详的:"嘴皮子都磨破了,你这孩子,就是听不进去!""我们讲过多少遍了,和同学相处,说话、做事要考虑别人的感受!"前一句是家长常数落和抱怨的,后一句出自喜欢苦口婆心的老师之口。这两句话,与其说是对孩子(学生)屡教不改的无奈,不如说是暴露了自己无计可施的沮丧和挫败感。这两句话,在不断地用事实告诉大家,说教的确是无力的。

儿童首先是感性的、情绪的，对事物的认知、判断和评价，主要来自主观的体验，理性、沉思等心理特质只能慢慢萌芽、生长，而在理性、沉思萌芽生长的过程中，还常常会被感性和情绪干扰或蒙蔽。当一个儿童，尤其是年龄偏小的儿童，正被某种强烈的情绪控制做出成人认为不合理的事情时，说教相较于儿童此时此刻的情绪体验，总会显得单薄无力。例如，一个课间时在游戏中受了委屈的三年级学生，带着强烈的不满和沮丧坐回教室，没有心思听讲。老师发现了这名学生心思不在学习上，便开始教导他："你瞧，这是上课时间，我们应该忘掉课间的所有事情，把注意力放在学习上。这样你才能学到知识，才能进步，否则，你会失去更多……"可以想象到的是，这个学生并不会因为老师的教导有道理——即使他自己也认为有道理，还觉得自己懂得这个道理——而马上从负面的情绪中大踏步跨出来，全心全意进入新的情绪状态中。这种案例，在成人身上同样是常见的。这个学生现在最需要的不是说教，而是有人能理解他，认同他的情绪，并帮助他慢慢地纾解负面情绪。

《儿童与情绪：心理认知的发展》一书中提到这样一个案例。同一所寄宿学校里的几个八岁的男孩被问到同样两个问题："焦虑和难过的情感有可能在其他男孩面前掩盖起来吗？想家的感觉有可能改变吗？"一个男孩说："如果你微笑并显得高兴，就不会表现出你实际上是害怕和担心的。"另一个男孩说得更直接："你仍然保留着自己的想法，微笑不会让你失去自己的想法。"试想一下，寄宿学校的教师对这些儿童进行这样的说教会有用吗——"焦虑和伤心都帮不了你们，你们还是要在这所学校里上学，所以还是积极一些，忘掉这些没用的烦恼，这样你会更加开心，也会帮助自己取得更好的成绩。"是的，这些儿童不会因为教师道理鲜明的说教而变得积极、开心。

令人尴尬的事实是，几乎所有针对儿童的说教，要么是在儿童"犯错"并正在体验着负面情绪时，要么是儿童正沉浸在成人认为不可以沉浸的事情中时，要么是成人为了达到某种教育目的而假设一种特定情境或假设儿童会犯错时。显而易见，这种时候，儿童的注意力要么不在说教的内容上，要么听懂了说教的内容且同意了说教中道理的正确性，却因为没有真实的情境和情绪体验，"重要的道理"也不过是临时记忆中无足轻重的几个词句而已。

事实证明说教通常是无力的，事实里包含了科学的心理依据。教育者（教师和家长）真正认识到了这一点，就不会将引导儿童的成长寄希望于自己能够绘声绘色说清的、一个个显而易见的道理。

二、体验到底是怎么回事

既然说教是无力的，也就证明了儿童的成长和发展，仅仅靠外在的力量是无法实现的。与说教相对应的，是人们常说的一句话：体验是最好的学习和教育。那么，对于儿童来说，体验到底是怎么回事呢？

辉，一个六年级的大个子男孩，经常在课堂上不经思考、不举手示意就胡乱地发表见解，等他说完，有同学会忍不住笑起来，他自己也意识到了根本没有说到点子上。这种时候，他会选择两种方式应对，一种是扬起头来，故意朝大家"挑衅"："怎么啦？怎么啦？就是这样的嘛！"一种是不好意思地摇摇头，然后又大大方方地一摊手，说："哦，我没想好，你们说吧。"辉采取的两种不同应对方式来自相同的情境体验——自己随意发挥而不被认可。表面看来，两种应对方式有很大的区别，实际上，是同一种心理的投射，即反射性维护自尊。之所以用"反射性"这个词，是因为这一类维护自尊的行为是缺乏自我反思意识的、情绪化的，最终结果并非真的赢得了自尊，而是被遮蔽或掩饰了的沮丧，是一种负面的情绪体验。如果辉一直没有得到合适的自我评价策略的引导，也没有得到科学的行为矫正指导，他有可能会陷入这种情绪体验的循环中——因为儿童为了自我保护，会主动调整对别人态度的解读，即将同学们的笑解读为自己给大家带来的快乐。这就是生活中常见的一种对儿童的标签式评价背后的实质——"这孩子'皮'"。

辉的案例，启发我们思考和探究，对于成长中的儿童来说，体验到底是怎么回事呢？

对于成长中的儿童，体验首先是即时的、情绪化的、功利的。被批评就感到伤心沮丧，被表扬就兴高采烈；失败了就垂头丧气，成功了就欢天喜地；遇到困难就"充满斗志"，事情简单就"掉以轻心"……这种体验缺乏自我反思意识和理性思维的参与，很难转换为经验，因此少有自我塑造的价值。正如案例中的辉，为什么到了六年级，依然我行我素地在课堂上不经思考就随意发表观点和见解，就是他对情境的体验始终停留在即时的、情绪化的层次上。随着心智和认知能力的发展，尤其是教育者有意识地、循序渐进地引导，儿童对事物和情境的体验，逐渐有了自我反思意识和理性思维的参与，积极的经验不断积累，任何一次体验都有可能会成为自我塑造的契机。

在辉的案例中，以及其他情况下，为什么都强调教育者的引导应该是"合适的""科学的"呢？因为任何认知的形成，最终都需要儿童个体的认同，都要转化为儿童的自我塑造。"合适的""科学的"引导，指的是能够激发儿童对所体验的情境进行自我观照和评价的引导，帮助儿童从体验中发现意义。

从儿童成长的视角来认识，体验就不仅仅是情绪、情感层次的一次次具体经历本身，而是具有发展性和目的性自我塑造的过程——教育要有意识地促进这一过程的真实发生。

三、权威评价与自我认同

儿童对事物的理解决定着他的成长。一个儿童在处理新遇到的问题或面对困难的处境时，通常会借助头脑中已经形成的应对模式来做出判断并采取行动——这既为儿童犯错提供了可能，也为儿童形成更为牢固的自我认同提供了可能。一般而言，客观情况在儿童头脑中留下的印象，并非由客观事实或情形本身所决定，而是取决于儿童如何看待这一事实。

往往，是儿童自我建构的观点，而不是事实本身决定了儿童自我塑造的方向。例如，自习教室里，一个学生大声喧哗，旁边的两个学生可能会采取完全不同的态度和行动，一个对喧哗视而不见、听而不闻，埋头做自己的功课，一个总是觉得喧哗声打扰了自己和同学，试图制止喧哗者的不当行为。

小学成长课或班会课上，教师经常会组织学生对某种具体行为或现象发表观点，并在总结时以权威的姿态对不同观点进行评价，得出"正确合理"的结论。我们会发现，低年级里，教师的权威往往很容易影响儿童的观点，即使他们有不同的看法，也会很快放弃，几乎无条件地支持教师的权威；到了高年级，教师的权威会逐渐动摇，儿童有时会试图说服教师，因为他们觉得自我认同比权威评价更有意义。认同权威和认同自我虽然最终都是儿童自我建构的观点，显然，这两种认同所依赖的事实发生了转移，前者把权威本身当成了要面对的"事实"，后者只是把权威当成针对事实的观点之一。这说明，儿童的自我塑造，随着年龄、心智的发展，自主性占据了更加明显的地位。

儿童在多大程度上依赖权威，就决定了其在多大程度上远离了自我判断和自我塑造。这提醒成年人，尤其是教育者思考，在儿童成长的道路上，选择什么样的角色和姿态陪伴与引领儿童，才能真正与儿童建立起相互的信任，才有利于儿童主动性的探索和成长。

四、儿童身体与自我塑造

人类文明发展至今，并没有因为科技的发展和职业的分化，而导致人们对强健身体的需求发生改变。强健的身体，仍然是社会人建立自信的重要基础。那么，儿童怎样看待自己的身体，儿童身体与自我塑造之间有怎样的关系？

新的儿童研究表明，对于儿童来说，身体"充满象征意义"且因此成为儿童建立身份认同的重要组成部分。"……正常发展的儿童身体的文化刻板印象对于父母和儿童自身来说都很重要。偏离标准观念会引起强烈的焦虑。在儿中，身体经验特别是身体差异是社会身份的重要标准。"① 如果我们用心观察，就会发现，小学高年级的同伴关系中，有一种很有意思的现象——身高差不多的几个男孩或女孩总在一起游戏，而身高有明显差异的很少在一起玩耍。当几个身高有明显差异的同龄男孩在一起活动时，个子更高、身体更强壮的往往更容易成为主导者——虽然他们年龄一样大。儿童与儿童之间还会有一种错觉，当并不熟悉的几个儿童在一起时，他们往往以身高来判断对方的年龄是比自己大还是小，从而来确定互动时自己的角色定位。再有，因为文化刻板印象的影响，肥胖的儿童在人际交往和身体活动中，比其他同伴更容易缺乏自信。如此等等，都印证了一种判断："身体大小成为年龄的一种隐喻，但更重要的是，它可以被用来反映、宣告和获得作为一个人的自主性。"② 这些为我们认识儿童身体在儿童自我塑造上的重要作用提供了证明，也为教育者如何参与儿童身体判断和认知提供了参考。

儿童的身体是"未完成的"，生物性的身体变化总是伴随着社会性的身体认知，并不断影响儿童对自己的评价和自我塑造的期待。引导儿童积极地善待身体、强健体格，在体育运动中充分发挥身体的能力，有助于儿童在自己的内心深处培育自信。身体运动和游戏既是儿童探索自己身体发展的一种方式，也是儿童邀请他人分享自己的身体经验的一种方式，在这种分享中，儿童不断进行身心两方面的自我塑造。

总之，儿童的成长既不是过去时的，也不是将来时的，而是正在进行时的。儿童的自我塑造是儿童成长的本质，但儿童的自我塑造也会受到各方面的影响，如所处的环境、有切身体验的经历、身体经验、他人评价等。教育者在认清儿童自我塑造的本质和复杂性的基础上，选择科学适切的方式与儿童相处，在"正在进行时"中给予儿童成长所需要的陪伴和引导，是教育者当仁不让的责任。

---

① 艾莉森·詹姆斯，克里斯·简克斯，艾伦·普劳特.童年论 [M].何芳，译.上海：上海社会科学出版社，2014.
② 同上。

第二辑

班级活动中的童年与儿童

班级活动立足儿童立场的三个参照维度

班级活动是为学生成长服务的，是为学生核心素养的发展奠基的。班级活动立足儿童立场，是活动内容、形式、目标等能够被学生以主体身份理解、认同和内化的需要和保障。教育立足于当下，想象着未来，属于教育范畴的班级活动，其儿童立场就不能简单理解为"儿童的立场"，而应该有多维度教育语境的诠释和实践。

一、儿童此在的需要

任何能够走进儿童心灵的班级活动，都是与儿童的年龄特征、认知特点、心理需求、成长期待等积极契合的，活动中，儿童能够感受到这是属于自己的活动，是自己需要的活动，是帮助自己真切体验到成长愉悦的活动。

符合且能让儿童以主体身份体会到成长需求的班级活动，从规划设计之初，就关注了儿童此在的需要。为了培养学生的自理能力，四年级某班准备开展"家务达人"班级展示比赛活动，活动内容包括整理房间、叠衣服、收拾书包等。这样的班级活动是否真的能够帮助儿童树立自理意识，积极锻炼基本的自理能力呢？那就要考虑这个活动是在什么背景下组织开展的。如果这个活动仅仅是教师个人认为对儿童的成长具有积极的价值，便以权威的方式布置安排，儿童完全是在被动的情况下参与，其成长价值就值得怀疑。如果活动是与《道德与法治》的相关学习内容相结合，在儿童都有参与愿望的情况下，且得到了家长的积极响应，活动的开展，就是在回应儿童此在的需要，其成长价值就会在儿童身上得到积极体现。

具体的班级活动是否符合儿童此在的需要，既需要教师真真切切地了解班级学生的年龄特征和成长期待，还需要将具体的班级活动放在一个时间段内系列班级活动中进行综合考虑，让具体的活动拥有更加真实、丰富的"背景"。例如，上面的"家务达人"班级展示比赛活动，如果能够与接下来的外出研学活动结合起来，儿童就会觉得这一活动就是为自己量身打造的，是自己的真实需求，一定会认真对待。

班级活动考虑儿童此在的需要，活动内容和目标往往都是从儿童日常学习生活表现中生发和提炼的。一位教师接手一个新班，发现班上学生之间容易因为一些小事发生矛盾。通过一段时间的观察，这位教师发现，这些小矛盾的根源并非学生之间同伴关系本来就很紧张，而是大多数学生缺乏情绪管理意识和能力，便认真规划设计了一系列关于情绪管理的班级活动。其中，情绪管理游戏活动的设计成为活动的重点，因为学生可以在活动中收获真切的角色和情绪体验。重视角色和情绪体验，而不是大量讲解有关情绪和情绪管理的知识，这是符合儿童心理特点的科学选择。

一个班级内，学生的性格、兴趣、认知等存在差异，班级活动的设计开展要考虑到实际存在的差异性，尽量让每一个儿童都能从活动中感受到属于自己的成长体验。这就要求教师在活动形式上给予儿童更多的选择，或者让活动具有一定的开放性和灵活性。一名教师为了帮助班级学生学会欣赏同伴的优点，营造积极和谐的班级氛围，促进大家互帮互助，携手成长，组织开展了一系列班级活动。这些班级活动内容包括讲述照片故事、抽照片说赞美、布置照片墙、班级服务岗行动等。这一系列活动充分考虑了儿童的差异性，让每一个儿童都能以主体身份积极参与进来。每个学生选择的照片，都是自己心目中的"靓照"，讲述照片故事，就是在向同学展示自己的美好和骄傲；学生随机抽一张同学的生活照，根据对照片内容的观察和发现来赞美同学，既学着发现同学的美好，又让被赞美的同学感受到了来自他人的欣赏；布置照片墙，让教室里的一面墙因为每一个人的照片而亮丽起来；班级服务岗，每个学生根据自己的能力特点和兴趣倾向自主选择，目的是为大家服务……这就为营造"各美其美，美美与共"的班级氛围奠定了坚实的心理基础。

班级活动一旦与儿童此在的需要紧密关联，无缝对接，学生的主体性就会得到充分体现，活动目标的达成就有了充分的保障。反之，学生被动参与，主体性就有可能被遮蔽，活动目标的达成就可能大打折扣。

二、学校教育的追求

很多一年级班级第一次举行运动会，几乎都会设计成"亲子运动会"。这很好理解，因为一年级学生刚刚进入小学阶段，各方面都处在"学步"阶段，开展"亲子运动会"，既能够帮助儿童尽快融入学校和班级生活，又能积极促进家校合育，让家长不仅看见，更能参与到孩子在学校的成长生活当中。

但是，笔者最近遇到某个一年级第一次举行运动会，竟然不是"亲子运动会"，甚至没有邀请一位家长参加。这是为什么呢？班级老师告诉笔者，之所以不邀请家长，不设计成"亲子运动会"，是经过认真思考的，思考的重点是：学校教育追求的到底是什么？一年级学生刚刚进入小学，有好奇，有困惑，他们需要的是尽快了解小学生活，建立对小学生活的正确认识，体验到自己成为一名小学生的积极变化，从而树立自信，爱上小学学习生活。用一个形象的说法，学校教育首要的任务是帮助一年级学生"断奶"。如果第一次运动会还是学生熟悉的"亲子运动会"，就不可能起到"断奶"的目的，学生在很多方面仍然会选择依赖爸爸妈妈。等到学生真正"断奶"后，三四年级，甚至五六年级，再组织一次"亲子运动会"，才能体现出学校教育的发展性价值。因为那时候，学生对"亲子"的内涵会有新的理解和诠释。

班级活动中的儿童立场，第二个维度正是教师基于对学校教育目标追求的正确理解，科学对待儿童的立场。教师怎样理解儿童，怎样看待儿童的成长，往往要立足于学校教育的特点、目标追求，因为教师和儿童每天都浸润在学校环境中。

同一时代，同一学段的学校教育，在国家教育政策的引导下，有共性的教育追求，比如"立德树人"，比如"全面发展"，比如"核心素养"。这是班级活动开展的方向性目标，或者说是指导思想，很重要，却是笼统的、抽象的。具体的班级活动，要立足的学校教育特点和目标追求，主要是指一所具体的学校，根据地域特征、育人环境、校园文化特色、学生培养愿景等，表现出来的能够在学校生活中看得见、感受到的育人追求，以及教师对学校教育的科学而独特的理解。例如上面的案例中，运动会活动的开展，就是教师以科学理解学校教育目标追求为基础，立足于儿童的成长需要做出的选择。如果有的学校将在一年级开展"亲子运动会"作为一种学校特色活动，以体现学校对家校合育的重视，或者在具体活动开展中设计渗透了其他具体的儿童成长目标，这同样可以理解为是儿童立场的体现。

学校由一个个班级组成，每个班级也有属于自己的建设和发展目标，只要这些建设和发展目标是为儿童的成长发展服务的，它们也就自然而然地成了班级活动设计开展时，积极体现儿童立场的参照维度。

我们在前面的文章中，曾经提到班级特色活动之于儿童的成长价值，不仅创造了独特的班级文化，更重要的是让班级儿童在成长中拥有安全感和归属感，能够拥有自信，能够共同创造属于班级每一个成员的成长记忆……教师真真切切地理解了儿童在哪里、往哪里走，打造的班级活动也就保障了儿童主体性价值的实现。

实际上，学校教育的追求也好，班级建设的愿景也好，都是儿童在学校生活中进行自我确认的重要情境，班级活动如果不能帮助儿童积极地理解和体验这些真实存在的情境，儿童的成长发展就失去了进行自我评价的重要参照，可能会变得混乱无序。

三、社会发展的需求

学校教育不是在象牙塔中进行的，学生经历了十几年的学校学习生活，最终要离开学校，走进更广阔丰富的社会生活中去实现自己的生命价值。班级活动，以班级为单位组织开展，但成长目标的渗透和实现不是为班级活动本身服务的，也不是止于此在的儿童的显性发展，而是要让儿童自己成为自己的土壤，种下具有生命力和发展力的种子。

社会发展的需求成为班级活动立足儿童立场的重要参照维度，体现的是一种负责任的教育理解和态度，是一种以儿童自身为目的的教育理念。学生应具备的，能够适应终身发展和社会发展需要的必备品格和关键能力，是我国对新时代学生发展核心素养的基本定位。暂且不论目前对核心素养的诠释是否科学，从个体人的发展角度来理解，核心素养就是人生幸福和价值实现的保障。班级活动的选择、设计、组织等，以核心素养的发展为追求，也是儿童立场的科学体现。问题在于，教师如何将核心素养的基本内涵以儿童能够积极理解的方式渗透于班级活动当中，并让儿童体验得到。教师要避免从具体的核心素养出发，不顾儿童的实际，设计组织自以为目标高大上的班级活动。组织开展参观科技馆是有意义的活动，可以激发学生对科学的兴趣，而培养学生的科学精神，就要组织开展与学生生活息息相关的，运用科学解决生活中学生关切问题的活动。

以社会发展需求为参照维度，衡量班级活动是否立足儿童立场，可以从学生发展核心素养的基本内容和具体表现等方面入手，根据儿童所处的年龄阶段制定标准，对班级活动进行自我诊断和评价。教师也可以在规划设计班级活动的时候，对照学生发展核心素养的基本内容和具体表现，以活动目标定位的方式，将核心素养融进活动规划设计中。例如，开展班级服务岗竞聘活动，就可以将社会参与中的责任担当、实践创新素养的发展作为重要的活动目标诉求。

社会发展的需求作为班级活动立足儿童立场的重要参照维度，不是用成人社会标准来要求儿童，而是根据儿童年龄和实际能力，引领儿童在真实的体验中，为形成必备品格和关键能力一步步奠定基础。

班级活动母题与儿童成长愿景的一致性

以促进学生全面发展为目的的班级活动，通常可以从不同的角度提炼出各种活动主题，为学生成长的具体需要服务。教育有其终极目标，丰富多彩的班级活动主题也应有与教育终极目标相对应的母题。

简单地讲，教育的终极目标就是"育人"。接着要追问的是"育什么样的人"。教育"育什么样的人"，有各种各样的说法，各种各样的说法又都有一致的指向，即教育就是在尊重天性的基础上提升人的生命质量，让受教育者积极主动地"向真向善向美"。"向真向善向美"正好对应了新时代教育的母题——立德树人。

班级活动的目的是什么，当然也是为了让学生在班集体活动中学会积极主动地"向真向善向美"。可以说，"向真向善向美"就是所有班级活动的母题，是"立德树人"的具体追求。同样，"向真向善向美"也正是儿童成长的愿景。任何班级活动，如果偏离了为儿童的生命成长服务这条轨道，都是违背了母题的、没有价值的活动。

有什么样的儿童成长愿景，教室里就会有什么样的班级活动；同样，具有母题意识的班级活动，总是承载着积极健康的儿童成长愿景。那么，如何确保两者在教育实践中相辅相成，融为一体，真正为儿童的成长服务呢？

一、儿童成长的线索即班级活动的线索

儿童成长受多种因素的影响，其中学校教育，尤其是班级活动和文化，在

其中起着举足轻重的作用。仅仅拿小学阶段而言，儿童在学校实际"被控制的场域"中要度过六年的学习生涯。在这个特殊的场域中，他们学习知识、发展能力、塑造性格、训练思维、结交伙伴……他们努力朝着"明亮那方"进发，用真实的心灵体验着途中的点点滴滴。"明亮那方"到底是一个什么样的"前方"，儿童是否能在自己的心中种下充满希望的种子，往往要看他们生活在怎样的一个班集体里，这个班集体是否为他们精心设计了一个又一个促进成长的班级活动。

笔者遇到过一个在课程开发和实践上极具创造性的班级，自称跨学科融合式的课程，能使每个孩子真正拥有烂漫的童真童趣、广博的智力背景、丰富的情感体验和活跃的思维状态，他们寄希望于用一套"理想"的课程许诺学生一个"向真向善向美"的未来。但是，观察发现，这个班级的学生缺失了良好的习惯、基本的规则意识，同时缺少的还有团队合作意识、生活中真实的共情能力等，他们说起来头头是道，行动却与言说距离甚远。经过调查了解到，这个班级四年级之前，除了"风生水起"的跨学科融合课程之外，基本没有组织过系统的班级活动，体育活动就是让学生自己玩耍，节庆活动就是读读诗文，没有日常的主题班会，没有学生成长主题教育活动，班级生活诗意有余，理性规范缺失。其结果，就是学生越到高年级，曾经挂着"做最好自己"标签的学生们，越来越难以做好自己了。

班级是一个生命共同体，是一个学习共同体，是一个发展共同体，这说明了班级活动对于整个班集体和每一个学生的成长是如此的重要。在这个共同体中，不仅需要诗意的学科课程，还需要诗意与理性共存的成长课程——班级活动。为了让班集体中的学生能够脚踏实地地全面发展，整个小学阶段六年的班级活动，应该有一个一以贯之的线索。这条线索，如同一条沿着一定路线活泼流淌的河流，一路欢歌着奔向大海。要保证这条河流不流向错误的方向，不会中途干涸，两岸就需要有坚固的河堤——一条是指向儿童成长愿景的成长线索，一条是不偏离班级活动母题的班级活动线索。

儿童成长有多条线索，如身体成长线索、心理成长线索和道德观念成长线索等，这些线索在教育对成长的追求中，都指向了一个共同的愿景，就是人的全面发展。班级活动线索也有多条，如不断强健体格、不断促进心理健康、不断提升道德素养等，它们都指向"向真向善向美"的母题。班级活动需要明确和落实的是，班级活动的线索如何与儿童成长的线索步调一致，让班级活动真正成为促进儿童健康成长的沃土和舞台。

第一，学生在不同的年龄阶段有不同的群体特征，有不同的发展需要，班级活动要站在生命成长的高度整体把握。这个"整体"，大概可以用马斯洛的人类需要层次理论作为参照和指导，让班级活动服务于学生各种需要的逐次满足，从而达到"向真向善向美"的成长追求。马斯洛需要层次理论模型如下：

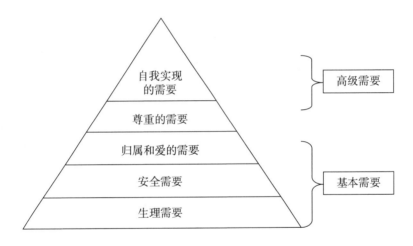

第二，强调班级活动的线索，就是要用联系性和发展性的眼光看待与系统设计班级活动。例如，培养学生的自我管理能力，一年级重点引导学生学会管理哪些事情，往后每一个年级自我管理的重点又是哪些，以及这些自我管理的项目之间有怎样的逻辑关联，都要理出一条清晰而科学的线索来。自我管理包括物品管理、时间管理、情绪管理、同伴关系管理、行为习惯管理等多个方面。其中每一个方面的管理，又可以从不同维度细分，如时间管理从时间跨度长短上区分，可以是一天中某个时间段的管理，也可以是一整天的时间管理，还可以是一周的时间管理等。显然，不能指望学生一进入一年级，或者在一年级的一个学年里，就通过班级活动引导他们学会方方面面的时间管理。时间管理能力，与学生的心智发展等紧密相关，学习时间管理的班级活动的规划线索，要与学生心智发展的线索协调一致，才能循序渐进、扎扎实实地提升时间管理能力。

所以，教师要谨记：儿童成长的线索即班级活动的线索。这既是说儿童身心成长的一般规律是班级活动规划的重要依据，也是说班级活动的科学开展，会积极地服务于儿童的成长。

二、班级活动主题的延续性和阶段性

围绕班级活动母题的是一个个具体的班级活动主题，如爱国爱家、习惯、规则、责任、担当等。班级活动主题的延续性和阶段性是母题落实和实现的内在要求。"向真向善向美"的成长愿景无法靠散乱的、没有章法的、随意性的班级活动来实现。

以责任意识培养为例，小学阶段从一年级到六年级都要持续开展这一主题的班级活动，才能逐步让责任意识深入学生心田，内化于心，外显于行。没有延续性，责任意识可能还在萌芽状态，就慢慢枯萎了，等到发现学生缺乏责任意识的时候再来设计开展主题班级活动，又要从头再来，效果可能还会大打折扣。定位为"延续性"而非"持续性"，是为了强调，学生成长的不同阶段，责任意识的培养侧重点是不一样的，是发展性的，而非简单地在同一个方面反复巩固和强化。一二年级侧重的是培养对自己个人的责任意识，三四年级侧重培养对班集体、对同伴、对身边事物的责任意识，五六年级侧重于社会责任意识的启蒙和培养。因此，延续性里就隐含了阶段性，即每一个阶段都有适合学生成长需要的培养重点。

儿童成长线索和班级活动线索是班级活动主题延续性和阶段性规划的基

础。进行某个主题的班级活动规划，先要研究儿童身心成长和发展的一般路径，再分析主题活动目标与儿童成长路径之间的匹配和对应关系，然后才能对此主题的班级活动进行系统规划。下面的图示可以帮助教师进行科学的班级活动规划。

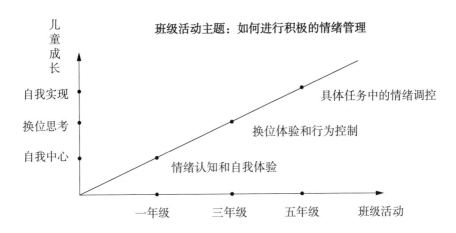

整个小学阶段的班级活动规划，可以用一张表格，既涵盖不同维度的成长和活动主题，又呈现出主题的延续性和阶段性目标。这样，班级活动母题下，儿童成长愿景是怎样一步一步实现的，就有了一张科学清晰的蓝图。

在现实教育情境中，班级可能会面临着多次教师调整的问题，如何确保班级活动主题的延续性，如何确保班级活动都能循序渐进地、有条不紊地促进儿童的全面发展，就成为迫切的课题。母题和愿景此时就显得尤为重要，因为它们是班集体成长和发展始终如一的目标和方向。但同时，"向真向善向美"这一母题和愿景可能会显得过于空泛，通常，一所学校甚至一个班级（如取有特定班名的）会用几个关键词来定位教育追求和学生成长目标，这些关键词就可以看作班级活动的母题和学生成长的愿景。有了母题和愿景，新的教师或教师通过了解班级过往成长经历和学生当下发展状态，就可以找到班级活动的线索，明确接下来班级活动的主题和具体内容形式。班级活动主题的延续性仍然可以得到保障，阶段性也仍然是延续性基础上的科学定位。

三、班级活动母题与儿童个体性发展

班级活动母题是服务于作为共同体的班集体成长发展的，首先看到的不是某一个儿童，而是一个班级内的几十个儿童这一群体。但是，教育的目的是为了每一个儿童的全面发展，最真实的成长，是共同体中每一个独立生命的成长。所以，教师要认识到，班级生活服务和塑造的是班集体，更是班集体中的一个个具体的儿童。在教育实践中，如何让班级活动母题与儿童个体性的发展建立起清晰的联系，即班级活动如何关注儿童个体性的发展，是一个容易忽视，却极其现实而重要的课题。

班级活动母题对应的是教育的终极目标，是社会对每一个儿童个体成长发展的理想期待，由于每一个个体儿童的差异性，他们在成长的路途中，往往会有与众不同的表现和需要。班级活动在设计和开展时，母题和愿景是定位活动目标的重要指导，但具体活动内容和形式的选择，要用心考虑不同学生的特点和需要。例如，低年级以责任意识培养为主题的班级活动，整体性目标是帮助学生明确在学习生活中对自己应尽的责任行为，并在具体行动中学会实践和履行自己的责任。班级中，自发状态下，学生已有的责任意识和实践行为会有很大的差别。那么，班级活动就要让不同的学生在活动中承担不同的角色，发挥不同的作用——只有让学生以主体、个体的身份在活动中相互观摩、启发、帮助、激励，不同的学生才能收获适合自己需要的成长。在实践中已经体现出责任意识的学生，可以分享和示范在学习生活中是怎样对自己的事负起责任的；缺乏责任意识的学生，可以在活动中参与积极的情境性体验，体会自己的事自己担起责任的成就感。

关注儿童个体的成长，教师还要关注班级活动在日常班级生活中的延伸，用不同的方式引导不同的学生，在日常实践中落实班级活动所蕴含的成长目标。

班级活动中的关系建构如何影响儿童成长

　　班级是由学生、教师一起组成的一个成长共同体，班级活动中，共同体中的每一个人都是息息相关的，每一个个体的成长，都受共同体成员间建立的相互关系的性质和状态影响。具体的班级活动目标在多大程度上能够使得学生内化于心，班集体中成员间的关系状况往往起着举足轻重的作用。从根本上来讲，班级成员间关系的建构，也是在班级活动中逐渐完成的——完成的过程中，起作用的既有教师明确的班级建设理念，又有班级活动开展的组织形式，还包括班级活动内容本身及学生之间实际存在的差异性等。

　　无论是哪类班级活动，都或显性或隐性地包含着班级内师生关系的建构，并经由这一建构的过程，作用于学生的心理体验，影响学生的实际成长。因此，科学、民主的师生关系、生生关系既是班级活动能够有序、有效开展的基础，又是班级活动开展所需要达成的重要目标之一。

一、班级活动中的角色定位

　　班级活动中，每一个参与者都会在活动过程中经历特定的角色体验，在真实的角色体验中，收获某一特定方面的成长，如学会管理自己的学习用品、感受到了"赠人玫瑰，手有余香"、懂得了宽容的力量和价值等。因此，无论班级活动中的角色是此在的学生自己，还是想象和期待中的自己，甚至是活动中临时关系中的角色，到底能有怎样的体验，教师都要确保体验的真实性和对学生成长的积极价值。

班级活动中的角色定位如何设计和实现，这是教师需要思考和研究的重要课题。

1. 教师要合理定位自己在活动中的角色

其一，不能简单地以"权威"的师者身份组织和参与活动。无论是常规性班级活动还是临时性班级活动，目标都是指向学生的成长，都是为了激发学生"向真向善向美"的内在动力。班级活动中，参与活动的班级成员之间关系的不断建构和发展，都来自每一个个体内心对自身和同伴在关系中的判断与评价，尤其是对教师的判断与评价。所以，教师在具体班级活动中，对自己角色的定位，要深思熟虑。

大多数教师习惯了以"权威"的、"家长"的身份设计、组织、开展班级活动。例如，参与社区服务实践活动，教师始终以指挥者、指导者的角色出现在活动中；开展动手能力竞赛一类的活动，教师只当评委，从不肯"露一手"……可以想象得到，任何班级活动实施过程中，学生都会关注教师在做什么，并有部分学生会以教师为榜样、标准来做出自我判断。那么，当教师在班级活动中总是把自己摆在居高临下的位置，活动对学生的积极意义可能就会大打折扣了；当教师在班级活动中，放弃了"权威""家长"姿态，能让学生感受到教师就是这样身体力行的，由此带来的师生关系的判断和建构，就会为活动提供更多的积极能量，促进活动目标的积极落实。

其二，教师在班级活动中要善于客串学生的角色。这不仅是现代性民主理念在班级活动中的落实，更是为了让学生真真切切地感受到师生都是成长共同体中相互陪伴的成员、队友。为了培养技能的班级活动是这样，为了促进学生道德品质提升的班级活动也是如此。

所谓客串学生的角色，一是在某些班级活动中，教师有意识地作为班级中平等的一员参与活动。例如，进行班级布置活动，学生确定主题，学生设计方案，当需要进行具体分工时，教师也跟学生一样，被分配或认领一份活。二是开展班级活动时，教师要时时处处从学生的角度看问题，从学生的心理需要出发设计和组织活动，让活动深入人心的同时，使学生感受到教师是他们可信赖的知心人。例如，当学生六年级的时候，身心处在前青春期的男生女生，开始对恋爱产生极大的好奇心和探索兴趣，很多班级经常会出现"流言蜚语"，大多数学生不知如何面对和处理。这时候，开展主题为"如何正确认识恋爱"的班级活动，就显得尤为迫切。我们可以想象，教师如果先入为主地将学生间这种对异性的欣赏和探索定位为"早恋"并加以否定，班级活动就有可能成为对学生的"讨伐"活动，教育引导的积极效果就会成为奢望。为什么呢？因为教师在活动中充当的是与学生需求对立的角色，学生无法感受到来自教师的理解和关爱。

2. 教师要重视引导学生在班级活动中进行自我角色的科学定位

不管是小学生还是中学生，在班集体的活动中，都会在内心深处不知不觉或者比较明确地进行自我角色的定位。如果没有教师的引导，学生自发的角色定位，会出现各种偏差，尤其是小学生。

学生在班级活动中角色定位的偏差，具体表现有多种。第一种是事不关己高高挂起型的。这类学生常常身在活动中，心在活动外，无论是哪一类的班级活动，他们都选择置身事外，即使是参与了，也是做做样子。第二种与第一种正好相反，他们是指点江山、挥斥方遒型的。这类学生在任何一项班级活动中，都极力表现自己，忽视其他班级成员的感受。但很多教师会因为欣赏或需要这类学生的"积极"，会比较轻易地肯定他们，久而久之就会导致他们过于自以为是，完全缺乏同伴意识和平等意识，更不会在活动中进行自我反思。第三种是指哪儿奔哪儿亦步亦趋型的。这类学生缺乏自己的想法和判断，观点和行动极易受同伴的影响，无论是非对错都会"跟风"。学校教育的一个重要目标是促进学生积极实现自我的社会化，班级活动往往是促进学生自我社会化的主要阵地。学生在班级活动中自我角色定位出现了偏差，就会影响其身心的健康成长。

教师不仅要根据班级学生情况，组织开展主题为"自我角色定位"的班级活动，更要在不同主题的班级活动中，有意识地关注和引导学生进行科学、积极的角色定位与体验。例如，每周一次的升旗活动或周一晨会，让不同学生主持发言，而不是简单地让学生自己报名或进行选拔。甚至，开展某一成长主题的班会活动，有意识地征求第一种学生的意见，让他们尝试策划和组织活动。绝大多数儿童和成人一样，内心深处都渴望"显要感"，只是这种渴望有的因各种原因被埋藏得特别深，深得自己都很少感知到。任何成长都离不开积极的自我体验，角色体验出现第一种和第三种偏差的学生，就需要教师通过活动唤醒他们有意识的成长需要。第二种学生，需要的是在班级活动和同伴关系的建构过程中，有意识地引导他们进行换位思考，从而做到既积极主动又科学适切地定位自己的角色。

学生在班级活动中，科学的角色定位大致可以概括为：成长的主人——最有效的教育是自我教育，共同体中平等而重要的一员，积极主动且富有责任意识的参与者。

二、班级活动中关系的显性建构与隐性建构

班级活动中师生角色的不同定位，带来班级中师生、生生间不同的关系建构。关系建构直接影响儿童的成长体验，从而深刻影响儿童的可持续性成长。

角色定位是关系建构的基础，教师自身的角色定位是基础中的基础。一名教师是班集体中的好伙伴还是高高在上的权威者，将直接影响师生关系的性质和状态，并带来儿童在师生和班集体成员间关系的认知、判断和行为的选择。

班级活动或班级生活中，集体中的身份角色往往带来关系的显性建构，内心角色对关系建构起到的多是隐性作用。显性建构和隐性建构，作用一样重

要；当显性建构与隐性建构趋于一致时，班级生活和活动中的关系建构就会趋于稳定，持续地影响学生的心理成长。

显性建构往往是看得见的，是教师有意识塑造班级人际关系的体现。现实中，有这样一种班集体，当学生在教室中进行自习类的学习活动时，教师不在教室里组织和督促，学生也会安静有序；同样是教师不在现场，需要学生独立自主地组织读书分享、话题讨论等富有创造性的班级活动时，他们便变得毫无章法，乱成了一锅粥；当学生离开教室，尤其离开校园，突然变得无视规则，相互间关系也紧张起来。这通常是被称为"酋长专制"理念指导下的"纵向关系"建构的结果。这种关系中，教师处于"权力"的顶层，扮演的是"酋长"的角色，学生从上到下，分别承担了班干部、组长、普通学生的角色，且学生的角色分配都来自"酋长"的任命。因为通常这种关系建构的目的是为了更轻松地"管住"学生，是典型的等级性质的权力架构，所以在特定的权力空间范围内，如教室里，纪律会"特别好"。一旦班级活动不再受权力空间范围的限制，权力关系失去了影响力，学生间就面临着角色的调整带来的关系重建，活动就容易进入无序状态。这时候，一直被压制的自我角色体验的需要希望得到满足，关系的隐性建构的力量凸显出来。显性建构与隐性建构处于矛盾之中，儿童的成长体验就会出现混乱、茫然。

班集体中人际关系的建构，只有保证身心内外一致的、积极的角色成长体验，才能促进儿童的健康成长。有些班级为了避免类似上面提到的纵向关系建构，不再设置班干部，而是通过班级建设活动，根据班级生活和学生成长的需要，设置班级服务岗。班级服务岗的设置由民主讨论确定，各岗位服务人员由学生自主选择，岗位职责先由岗位服务员制订初稿，再征求大家的意见，最终确定……这样一来，学生在班级生活和活动中的关系建构，是身份角色和内心角色一致性的体现，也就是集体的凝聚力、荣誉感等与学生个体自我实现的需要趋于一致，学生的成长体验也就更加健康、积极。有人将这种关系建构形象地用一个模型表示，并称为"多元化班级人际关系结构"。

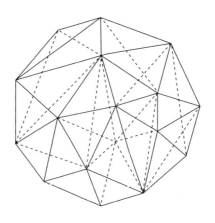

　　在这个结构中，每一个点都代表一个学生或教师，在具体的班级生活和活动中，这些点是动态的，而不是固定不变的，但是这些点的相互联系和依存共同构成了一个稳固的晶体，形象地诠释了个体与个体、个体与共同体、个体的力量与班集体的力量之间的积极和谐的状态。

　　具有母题意识的班级活动，成长主题的活动往往呈现出延续性基础上的阶段性特征，例如责任主题教育活动，从低年级的对自己负责到高年级的对集体负责，每个阶段侧重点不同，那么，在具体活动中，就会出现临时关系与长期关系建构的问题。或者说，班级活动中的角色体验，既有为具体活动的有效开展临时经历的角色体验，又要保证学生拥有内在需要的、积极向上的一致性和延续性的角色体验。临时关系往往是应具体班级活动任务情境的需要诞生的，它最终要为科学、民主、平等、协作的长期关系的建构提供积极的参考和能量。举个例子，一次自制飞机模型比赛活动，班级内自愿结成的临时团队中，每个人的关系是临时性的，角色体验具有临时特征；下一次班级开展周边环境调研活动，还是以自愿结成的小组为单位。两次活动中的临时小组团队中，关系建构的具体人员因为任务的不同，而有所区别，但是，两次活动的角色体验只有建立起联系来，才是有助于每一个学生成长的长期关系建构的需要。也就是说，教师要有意识地从两次有相关因素的班级活动中，发现有利于学生成长的联系，为积极的长期关系的建构形成合力——每一次临时关系的建构与体验都是为班集体成员间长期稳定关系的建构、儿童自我教育的积极实现服务的。

　　总之，班级活动总是通过儿童真实的角色体验和班集体生活中关系建构的实践，帮助儿童建立自己的身份认知和判断，进而激发儿童内在的成长需要。教师认清这一事实，就会在班级活动的设计、组织、实施中，重视实际活动对关系建构的影响，科学评估活动的成长价值，避免活动的随意性和盲目性。

班级特色传统活动：共同拥有的成长密码

一班一世界，一个班集体形成之后，班级中的教师和学生就携手结成了一个成长共同体。在小学阶段，这个共同体中的大多数成员会一起学习生活六年时间，初中阶段也有三年时间。一个具有凝聚力和成长力的共同体，一定有其成员共同拥有的精神内核和成长目标，这就是为什么有的教师在班级成立之初，就会带着学生们一起给班级取一个含义积极而丰富的名字，为什么要设计一个蕴含深意的班级 logo，为什么要谱写一首大家喜爱的班歌或撰写一首班诗……除了班名、logo、班歌班诗这些固定下来的标识，还有一种富有活力的活动，值得班级共同体用心打造，那就是班级特色传统活动。

一、何为班级特色传统活动

班级特色传统活动，就是一个班级的师生一起创意设计、具有班级特色、周期性开展（一个月一次或者两个月一次或者一学期一次）的活动。这种班级活动既区别于班级例会、晨会、季节性活动等常规活动，更不同于即时性的活动。一般而言，班级特色传统活动具有以下几个特点。

其一，班级特色传统活动是别的班级可能没有而自己班级独有的传承性活动。就像常见的班级特色活动一样，这类班级活动具有班级特色，专为本班学生的共同成长而打造。不仅如此，这种具有班级特色的活动，不是开展一两次就算了，而是只要班级存在，就会一直周期性地开展，具有传承性，所以同时被称为传统活动。它从诞生之初，就是为了形成一种班级文化传统。

其二，班级特色传统活动具有主题的一致性。班级特色传统活动一般会有一个固定的活动名称，就像某些电视综艺节目一样，名称是不变的，主题也是不变的，例如"相约星期二""成长，说来听听"等。一个班级，一个特色传统活动，一个名称，可能连续六年或三年不变，始终围绕同一个主题开展。

其三，班级特色传统活动具有成长目标的延续性。班级特色传统活动从创生开始，就指向了学生成长的几个重点目标，一次次的活动开展，使目标一步步得到落实。这样，循着班级特色传统活动的时间路线图，就能串起班级学生成长的重要线索。例如，我们从三年级开始打造的"相约小剧场"活动，把从三年级到六年级的活动串起来，就能看出学生三年级到六年级成长的线索。

其四，班级特色传统活动具有班级文化创造的标识性。一个班级，一个成长共同体，需要形成共同体中的每一个成员都认同和信仰的集体文化。这种集体文化，越具有特色和标识性，就越具有积极性和凝聚力。班级文化有诸如教室布置、班服等这类显性文化，蕴含在班级特色传统活动中的文化属于隐性文化。往往，班级隐性文化对学生的生命成长的影响更加深刻，因为它成为学生们引以为傲的共同的精神密码。

二、为什么要精心打造班级特色传统活动

班级特色传统活动让学生拥有安全感和归属感。一个学生在一个特定班级里的成长，有可能会呈现出不同的体验状态。既拥有积极的自我体验，又有精神文化归属感的学生，往往对自己所在的班级怀有发自内心的认同感和自豪感。能给学生带来积极归属感和成长体验的班级，都会有区别于其他班级的、师生共同创造的独特之处。班级特色传统活动，因为具有班级文化的标识性，且这种标识性是每一个学生在具体的活动中用行动来一次次诠释和强化的，所以，更会让学生感受到，这是自己班级独特且优秀之处，从而对自己的班级产

生信赖，感到亲切和自豪。

班级特色传统活动让学生拥有成长的目标和自信。精心打造班级特色传统活动，能够让学生在一次次的活动中，看见自己和同伴的成长、蜕变，感受到成长的价值。因为班级特色传统活动主题的一致性和目标的延续性，让学生可以很清晰地对比自己、同伴在前后活动中的不同表现和体验，发现自己的不足、进步和长处，从而能够明确自己下一阶段的成长目标，并自信满满地做出努力。例如，前面提到的"相约小剧场"活动，"相约"是不变的大主题，每一次相约，无论是主持，还是表演节目，都是一次合作和展示的机会，更是一次遇见不一样的自己的机会。学生可能会发现，自己走上舞台后变得越来越自信了；也可能会发现，学会了合作，表现更精彩了；还可能领悟出，积极地参与就是最大的收获……当然，也会从同伴身上，发现自己接下来的成长目标是什么。

班级特色传统活动让学生拥有强烈的集体荣誉感。因为班级特色传统活动是自己的班级独有的，别的班级可能没有的，学生常会因此对自己的班级有了非常积极的自我评价，强烈的集体荣誉感就在心中生根发芽了。这种荣誉感，促使学生每一次以更加认真负责的态度来打造和参与活动，让活动更加精彩。这种荣誉感也促进了班级的凝聚力，让班级师生呈现出阳光积极的面貌，以班级成员的身份做好每一件事。

班级特色传统活动还能让家长更加认同和支持班级工作。笔者班级还有一个班级特色传统活动，那就是期末庆典——每学期的期末庆典都会有班级戏剧展示，每学期颁发给学生的成长奖颁奖词都有精心设计（轮流由教师、家长、同学、自己撰写）。每到期末，家长就会和学生们一样，对期末庆典充满了期待，因为他们从期末庆典上看到了孩子们成长的轨迹。期末庆典上，孩子的精彩，就是家长的荣光，所以家长平时就会非常积极地支持班级工作和活动。

班级特色传统活动能够保证班级文化的积极传承和发展。现实教育情境下，很少有班级连续六年或三年不换教师，很多班级教师换了，由于教师的教育理念、班级建设思路以及个人风格的不同，师生之间往往会需要一个长时间的相互适应和磨合的过程，甚至会让学生遭遇成长的困惑。如果一个班级已经打造了体现和承载着鲜明而积极的班级文化的特色传统活动，新的教师就可以通过积极传承活动，很快融入班级，收获学生、家长信赖，保证班级工作和学生成长的稳定性、延续性和积极性。

三、怎样打造班级特色传统活动

既然优秀的班级特色传统活动对班级建设、学生成长具有重要的意义，那么，打造班级特色传统活动就要真正从班级建设和学生成长的需要出发，让活动真正能串起学生身心成长的线索，能真正成为助力学生生命成长的舞台。如何打造班级特色传统活动，确保活动的科学性和成长价值，是每一位一线教师需要在实践中不断探索和研究的课题。那么，一般而言，打造班级特色传统活动，需要在哪些方面着力呢？

1. 班级特色传统活动要蕴含丰富而清晰的儿童成长目标

当初我们为什么要打造"相约小剧场"活动？除了让学生在活动中清晰地体验自己的成长变化，激发自我实现的愿望和成长的自我意识，还要通过具体活动的开展，让学生在活动过程中学会合作和分享，收获一份责任与担当。同样，期末庆典中的戏剧展演，可以让学生通过不同的角色体验，认识生活，学会共情，培养协作精神和创造精神。这些目标不是一蹴而就的，而是需要循序渐进的过程，需要慢慢积累，需要在延续中递进。于是，班级特色传统活动就成了最好的载体和平台。活动从低年级到高年级，延续，传承，发展，要以循序渐进为原则做整体规划，有序落实。例如"相约小剧场"活动，三年级时，学生们在第二课堂时间学习了葫芦丝、尤克里里等，重点展示他们的才艺，培养他们多方面的兴趣和自信，感受走上舞台的快乐和成就感；四年级，每次活动都与教室课程融为一体，让"相约小剧场"成为课程的一部分，成为学生进一步感受课程之于成长的积极意义，将合作意识、分享意识、担当意识融入其中；五年级，从浸润经典到读书分享，学生们在系列相约小剧场活动中拓宽视野，丰盈精神，分享成长的体验，相互借鉴，携手进步；六年级是小学毕业季，考虑与北京十一学校初中课程模式和学习方式的对接，学生在课程和学习上有了全新的尝试，"相约小剧场"活动内容和主题的设计便有了这样一条线索：起航—蜕变—逐梦—飞翔，成长目标聚焦"志诚意远，思方行圆"。

2. 让每一个班级成员都成为创造班级特色传统活动的主角

班级特色传统活动是为班级这一成长共同体服务的，更是为每一个具有独立性的生命个体——具体的学生服务的。活动中，班级内的每一个学生都应该能获得清晰的自我成长体验。这就要求，必须保证班级内每一个成员都能成为活动中的主角。"相约小剧场"活动，每一次都是一个过程性活动，从主题的选定到形式的选择，从展示内容的商量到每个人任务的分工，从筹备到展示再到反思小结，要让每一个人都参与其中，都拥有存在感和参与感，都能得到深切体验和内心成长。例如，我们一期以"蜕变"为主题的"相约小剧场"活动结束后，学生写下了这样的感言："同三、四年级时的自己相比，我终于克服了自己的惰性和紧张，与同学们一起登台唱歌表演，我也不再动不动就和同学动手打架。这些是我最得意的蜕变。""表面上的改变，来自内心的蜕变，自己想要做回最好的自己，行为上就会做出努力，就像我努力做好作业、努力积极回答问题而得到老师的表扬、努力树立自己良好的形象而去调解同学间的纠纷一样。从一个因为惹事弃学被频频请家长到本学期成为'相约小剧场'主持人，被同学赞赏，这是我的蜕变。"只有当学生真正成为活动的主角时，他们才会有这样的心得，才会对自己的蜕变有这样清晰的梳理和体验。

3. 要将仪式感作为班级特色传统活动的一个重要元素

仪式感让活动在师生的心中显得更加庄重，更加特别。注重活动的仪式感，通过具有仪式感的环节和细节，让学生在活动中体验到责任感，体验到成长是一件神圣的事情，促使学生从内心生发出对真善美的追求。每一次期末庆典上的戏剧展示，开幕时是一个介绍所有参与人员职务和角色的短片，谢幕时是特别设计的谢幕仪式，这样，走上舞台，就有了对舞台的敬畏和尊重，就有了对舞台下为自己鼓掌的观众的感谢和尊重。每一个角色的表演，用心用情，善始善终，这是每一个学生在戏剧表演中由仪式感激发出的责任心的体现。演出结束，掌声响起来，舞台上的每一个人手牵手，鞠躬谢幕。一开始，有些孩子从头到尾都比较紧张，谢幕时会匆匆鞠躬，然后"逃离"舞台，经过反复体验，他们体会到了谢幕仪式的庄重、真诚以及演出成功的自豪感，就认真设计谢幕的动作，努力做到从容、优雅。仪式感体现在方方面面，如每次活动的开启和结束、着装的设计、主持词的撰写等。这些方面融入了仪式感，连续六年或三年的熏陶，学生就会因为共同经历和拥有过班级特色传统活动，将责任感、仪式感等种在心田。

班级特色传统活动的打造，让一个班级有了共同的精神信仰，有了共同的梦想，使班级生活洋溢着生命的热情和活力，让学生的成长有了一以贯之的线索和追求，值得教师用心探索和实践。

当班级活动遇到边缘人：引导转变 or 顺其自然

"班级活动的主人是学生，班级活动要发挥每一个学生的主动性，让每一个学生在自主活动中培养自我教育的能力。"但是，在现实中，我们常常会遇到这样一种情况：班级里总有少数学生有意或无意地游离于班级活动之外，自觉或不自觉地将自己当成班级活动的局外人。班级活动是面向班级全体学生的，成长又是属于个体的体验和发展，那么，当班级活动遇到边缘人甚至局外人时，身为教师到底该如何抉择和行动，才是对每一个学生的成长负责呢？

我们先来看几个这方面的案例。

六年级某班要举办迎元旦联欢会，学生自己成立策划团队，并提出每个学生都要上台表演节目，因为这是他们在小学阶段共同度过的最后一个元旦。大多数学生都怀着兴奋的心情，无比期待地投入联欢会的各项准备工作，但是，有两个男生直到元旦的前一天，还没有将节目报给负责人。当负责人一次次催促他们，并提醒他们要向教师反映时，他们很不情愿地来到教师面前，问道："老师，是每个人都要表演节目吗？"教师询问他们的想法，他们说不知道表演什么，也不想表演。教师追问："是因为不知道表演什么才不想演，还是觉得在联欢会上表演没有意思？"他们想了想，说是不知道自己能表演什么，想不出合适的节目，所以不想演了。教师在确定了他们内心其实很希望能在这次联欢会上给大家带来一个好节目后，和他们一起讨论，一个什么样的节目是他们能够表演好的，最终，帮助这两位同学选定了节目内容。两位同学马上认认真真地准备，第二天的表演赢得了同学们的认可。

学校要举行第三届年度"好声音"比赛，五年级某班经过师生一起讨论，决定先在班内举行一次"海选"。海选自愿报名，教师非常希望班上一位"真人不露相"的"麦霸"能参加班级海选。教师是从这名学生的一篇作文中了解到她是"麦霸"的，并从其他学生口中得到了证实，只是这名同学除了有意无意轻声哼哼曲子，几年来从来没有见她在班级展现过歌喉。班级报名时，"麦霸"又没有参与。教师终于忍不住将"麦霸"叫到跟前，问她愿不愿意试一试，"麦霸"摇摇头，说："不想参加。"教师问她是不是担心拿不到好成绩，她说不是，就是不喜欢参加比赛，自己唱歌是觉得好玩，比赛就不好玩了。教师还想说服她，但"麦霸"执意不参加，最终教师只好放弃了。

四年级某班根据实践课程的规划，组织开展成长报告展示分享活动，要求每位学生都按照要求，用图文并茂的形式，展示自己从一年级到四年级身体、能力等方面的成长变化情况，感受成长的意义。一个星期过后，展示分享如期举行。同学们将自己精心制作的成长报告张贴在展板上，相互欣赏，彼此交流。教师在欣赏时发现，有几个学生的成长报告没有按照要求用心设计和撰写，显得十分敷衍。再看看这几个学生此时此刻的表现，教师发现他们没有像其他学生那样积极投入地欣赏、学习同学们的报告，而是在一起玩游戏。在活动交流分享课上，教师特地请这几个学生介绍自己的成长报告并选择一份自己最欣赏的进行评价，这几个学生站起来后，都是一言不发……

上面三个案例，似乎第一个是成功引导学生积极参与班级活动的典型，第二个是失败的例子，第三个案例中几名学生始终游离于班级活动之外。现实中，可能还会遇到更加复杂的情况。实际上，几乎任何一种主题、内容、形式的班级活动，都不可避免地会有学生成为边缘人或局外人，只是多数时候教师或有意或无意地选择视而不见而已。现代教育理念强调班级活动的主体是每一个学生，应助力于每一个学生的身心成长，那是不是在每一次班级活动中，都应该做到"不放弃每一个学生"呢？又到底怎样看待和对待边缘人或局外人才算真正的不放弃呢？考虑问题的角度不一样，可能得出的结论也不一样。如果教师把注意力放在班级活动本身，关心的是班级活动有没有按计划顺利开展和完成，也许就真的会对这类个别学生视而不见；如果教师的注意力始终放在儿童成长上，考虑的是每一次班级活动有没有真正引导每一个学生以主体身份去探索、实现童年价值，就会提前预想到或在活动过程中关注到这些边缘人或局外人。

教育的根本目的是"成人"，成全、成就每一个个体的人，班级及班级活动，都是为育人服务的。教育，尤其是班级活动，在促进个体发展上，有两个看似矛盾、实则统一的目标诉求，即个体发展的个性化和社会化。面对班级活动中的边缘人或局外人，顺其自然是不是就会促进学生个体的个性化发展，引导转变是不是就有利于促进学生个体的社会化发展呢？

一层层的追问，也在引导我们一层层深入思考、探索：班级活动从发轫、规划到组织实施，再到反馈评价，到底应该如何帮助每一个儿童寻找、体验和积淀其积极的童年价值？关注、探讨如何科学看待和对待班级活动中的边缘人和局外人，是回答这一问题的一个十分现实而重要的切入点和落脚点。

一、厘清学生个体发展的个性化与社会化

关注班级活动中的边缘人或局外人，首先要厘清到底什么是学生个体发展的个性化和社会化。对个性化和社会化缺乏科学认知，就很难科学判断学生选择在班级活动中充当边缘人或局外人，到底对其个性化和社会化发展意味着什么。个性化是指个体在活动中形成独特性、自主性和创造性的过程。教育具有促进个体个性化发展的功能，它通过发现、尊重、激发、实践等方式，促进个体人实现自主性、独特性和创造性的发展。个体人的个性化发展，让其成为独一无二的自己的同时，也为其实现独有的社会价值奠定了基础。社会化指的是个体接受、内化自己所处的社会文化，包括生活方式、价值观、行为准则、基

本技能等的过程。促进个体人的社会化是教育的重要责任，这保证了一个人成为社会人。教育必须促进个体人拥有适应社会环境和为社会发展服务的基本能力与必备品格。个体人的社会化，促进个体人成为具有个性化的社会人，保障了个体人在社会生活中顺利地实现个人之于社会的价值。没有个性化的社会化，让人沦为工具、机器，人类社会文明的发展就有可能停滞；没有社会化的个性化，让人囿于自我，却无从实现自我的价值，个体价值便得不到社会的认可。

二、因材施教，对每一个儿童成长负责

学科教学中，常常强调要因材施教，班级活动更当如此。有了因材施教的科学定位和选择，面对边缘人或局外人，教师到底是不遗余力地引导转变还是风轻云淡地顺其自然，也就有了科学的答案。不同的学生，成为班级活动边缘人或局外人的原因不同，对学生童年价值的创造和实现的影响也各不相同。在第一个案例中，造成两名学生成为元旦联欢会边缘人的原因，是学生对自己在联欢会上可以表演什么没有概念，缺乏自信，并非缺乏来自内心的参与愿望。他们拥有社会化发展的愿望，但个性中某些重要品质的不足导致了他们不敢或不会主动寻求帮助。教师不仅要帮助他们选定适合自己特点的节目内容，更要培养他们主动积极地解决问题的个性品质。这样才能让个性化发展与社会化需要协调一致。第二个案例中，"麦霸"女生对参加"好声音"比赛的意义和价值已经有自己的理解与判断，她是主动选择不参与，而非能力不济，也非缺乏自信。作为一个独立的儿童，她的选择既不会对自己造成伤害，也没有妨碍别人的行动，教师就没有理由以班级荣誉的名义干涉她，顺其自然才是最好的选择。第三个案例中的几个男生，不投入的原因可能比较复杂，这里既有学生自己对班级活动任务本身的理解和判断，也有可能受到同伴关系的微妙影响。教师是应该选择积极促其转变还是顺其自然？

要对每个人的个性以及社会化发展的需求做深入的、充分的分析，然后再选择具体的行动措施。在班级活动边缘人身上运用因材施教原则，既要了解儿童立体的、多角度的现状，又要考虑此时此地环境的实际，还要考虑具体班级活动之于班级学生的共性发展目标和个体性发展目标的成长价值。教师的判断要做到科学准确，采取行动措施要做到深思熟虑，这样才是对儿童成长负责。

三、科学发挥班集体、教师、同伴关系的积极作用

班级活动能否有效促进学生个性和社会性的发展，往往受到班集体、教师、同伴关系等因素的影响。班集体既是学生融入社会的练习场所，又是培养学生个性化发展的场所，这个场所与学生以后进入的真正社会的区别在于，班集体是个容错的地方，学生可以在班级活动中犯错，在错误中学习和成长。除了班集体日常生活外，对学生童年价值创造影响最为直接和深刻的就是班级各类活动。一个班集体开展哪些班级活动，怎样开展班级活动，教师如何对待班级活动中不同学生承担的角色和具体的表现等，都影响着学生的个性化和社会化发展。所以，班级活动与班集体建设、班级文化塑造等是密切相关的。如果说班集体就是一个"小社会"，那么班级活动就是微型的社会活动，对班级活动中边缘人或局外人的引导、包容，就是培养学生如何在未来社会中正确定位自己、积极实现自我价值。班级活动中，教师是学生行为的引导者和示范者，一言一行和对具体学生的态度会对学生产生举足轻重的影响，面对边缘人或局外人，更要用专业素养和实践智慧帮助学生发展积极的个性，培养适应未来社会发展需要的基本能力和必备品格。无论是何种主题、形式、内容的班级活动，都会涉及同伴关系的探索、体验和建构，同伴关系的探索、体验和建构同样是学生个体个性化发展和社会化发展的土壤。在处理班级活动边缘人或局外人问题时，同伴关系往往是一个重要的要素或参照。前面提到的第三

个案例，同伴关系很可能就是教师需要深入其中，找出学生成长密码的重要方面。

当班级活动遇上边缘人或局外人，教师不能在这个问题上充当局外人，无论是引导转变还是顺其自然，都应该以学生积极健康的发展为目标，认真研究，审慎行动，为学生的生命成长保驾护航。

个体自主性：班级活动促进真实成长的智慧考量

前文我们讨论了教师应该如何面对班级活动中的边缘人和局外人，认为教师应认真研究学生的具体情况，为确保学生个性化和社会化发展的和谐统一而审慎行动。本文将重点探讨教师应如何在班级活动中充分发挥学生的个体自主性，让每一个学生都在班级活动中收获清晰的成长体验，并能"看见"自己的成长。

我们还是从一个案例入手。

佳怡同学告诉我，她希望在班级内组织开展一次微型盆栽创意比赛活动。她已经有了初步的活动方案，并且制作了PPT，说明了创意比赛活动的内容、方式和预期的成长收获。原来，她从一个数学学具——圆柱体容器上得到灵感，想到如果能够在学具的课堂学习价值实现后，将其作为微型盆栽的工具继续利用，装点教室，会是一件有意思的事情。为了让大家都能积极地参与到这一变废为宝的创意活动中，她认为组织一次创意比赛活动，会是最好的选择。她设计的比赛内容包括：一个有设计感的小盆栽、一份200字左右的创意说明、一周的精心呵护。周末准备，下周五评比，还准备了让人惊喜的奖品。我请她在成长课上向大家展示自己的活动设计方案，看看大家是否都有参与活动的热情。她很自信地走到教室前面……她的宣讲很成功，大部分学生都跃跃欲试，但也有学生关注点不在微型盆栽上，而是关心奖品到底是什么，言下之意是奖品不能满足期待，就不参加了。还有的学生说小容器弄丢了，可不可以用别的东西做花盆；还有学生犹疑地举起手，问可不可以不参加。佳怡认为，班级活动，最好是大家都参加。这次活动到底开展不开展还没有达成一致，教室里就开始热闹起来，一旁观察的我，走到了教室前面，请佳怡回座位……

身为教师的我，为什么这个时候参与进来？在回答这个问题之前，先要厘清班级活动的目的到底是为了班集体建设还是为了儿童的个体成长与发展。常常见到很多班级活动以集体的名义要求所有学生都必须积极参与，认为这是集体荣誉感的表现，是热爱集体的表现，给学生传递的观点就是"集体大于个人，个人要无条件服从集体"。显然，这种观点和思维是值得商榷的。班级建设也好，班级活动也好，都是服务于学生个体的成长和发展的。如果学生感觉自己在班集体、班级活动中的存在，都是为了班级，体验不到自己的存在感和成就感，这样的班集体、班级活动是为学生个体成长和发展服务的吗？显然不是。湮没了儿童的个体自主性的班级活动，让儿童处于被动和从属地位，体验不到自主成长的滋味，也终将无益于发展儿童适应社会环境和为社会发展做出应有贡献的基本能力和必备品格。班级活动如何保障、呵护甚至放大儿童的个体自主性，既是活动本身的应有诉求，也是对教师教育智慧的考验。

一、个体自主性是衡量班级活动是否具有育人价值和成长属性的重要标准

上面的案例中，我鼓励佳怡同学自主设计、组织她颇具创意的这项班级活动，一个很重要的理念就是让儿童成为班级活动的创生者和组织者，避免教师在班级活动开展上拥有居高临下的话语霸权。只有当学生真正成为班级活动的主人，他们才会感觉班级活动就是自己需要的活动，而不是教师一厢情愿强加的活动，他们就有可能以积极主动的心态参与活动，主动创造活动之于自身的成长价值，而非被动参与，被动感知活动价值。

也许有人会特别注意到当时课堂上"不和谐"的场景，这恰恰是值得研究和思考的真实现场。可以设想，如果这一活动由教师发起，学生们即使有异

议，多数可能会藏在心里，私下嘀咕，然后呢？然后，虽然心里不情愿，也还是按照教师的要求"积极"地参与了——至少表面上是积极的。这么一来，学生的真实态度往往不被看见，教师也习惯于不在乎学生的真实心境，只选择从自己希望看见的现象中提炼出活动的"亮点"和"意义"。这也是一直以来学校教育中普遍存在的现象，即"以学生为中心"仅仅停留在教育者的自说自话和自我美化中，诸多学校和教师都宣扬在学生全面发展和成长上成绩斐然，但现实是，我们的大多数学生越来越缺乏自主性，缺乏适应社会环境和为社会发展服务的基本能力和必备品格。

很多的班级活动，尤其是思想教育主题的班级活动，都是自上而下布置下来的，都是预先设计好框框，然后将学生装进去。这类活动的一个共同的突出特点，就是活动的方案设计、组织管理等，都是已经规定好的，学生只有被动参与和服从，没有自主选择的余地。因此，学生是否在这些活动中真正有所得，往往没有人去深究。

相比之下，这种学生自己设计组织的班级活动，更具有真实的育人价值和成长属性。佳怡同学宣讲后，教室里出现了各种声音，有的支持，有的犹豫，有的反对，这说明不同的学生对这项班级活动的理解是不一样的。学生们将自己的疑问、关注点等真实呈现出来，进行讨论，大家就会相互启发，从不同的视角来认识这项班级活动，对活动的意义和价值进行深入思考和判断。在此基础上，大家会不断丰富和完善这项班级活动的方案，达成共识，从而确保每一个参与者都是以主体的身份建构活动的成长价值。

如果我们坚信，活动是实现发展的必由之路，是学生个体认知、情感、行为发展的基础，那么，班级活动就应该立足于发挥每一个学生的个体自主性，让每一个学生在活动体验中不断提升自我教育的能力。学生自己发起、设计、组织的班级活动里所体现出的个体自主性，正是衡量所有班级活动是否真正走进学生个体的内心深处，是否带来学生个体成长自体验的重要标准。这启发教师在设计、组织任何一项班级活动时，都要运用一定的方法策略，让学生真正以自主的姿态全程参与活动，而不是被动地参与到已经设计好的活动内容框架中。

二、教师要保障培养和发展个体自主性成为所有班级活动的共性目标

班级活动不仅要尊重学生的个体自主性，还应将培养和发展个体自主性作为班级活动一以贯之的重要目标。教师在进行具体班级活动设计时，要思考明白，活动的哪些环节，要让学生的个体自主性凸显出来，不仅教师看得见，更能让学生看得见他们的个体自主性在活动中的积极价值。

接着说说微型盆栽这个活动案例。当同学们提出各种各样自己关心的问题时，同样作为学生中一员的佳怡，有的问题能够给出自己的想法，例如没有小容器的可以用类似大小的花盆代替；有的问题，她就无法和同学达成共识，例如有人选择不参加活动。这时候，作为教师的我走上前去，目的是什么呢？目的就是给予大家以帮助——是给予大家，而不是佳怡一个人，因为活动要看得见每一个人的个体自主性。首先，我要让大家自己发现佳怡同学设计的微型盆栽创意比赛活动的创意体现在哪些方面。只有真正发现了活动中的创意之处，并与自我实现产生了积极的化学反应，大家才会真正用心用情参与活动，创造活动的精彩。其次，要让选择不参加活动的学生在理解大家眼中的活动意义之后，再做出自我评估和选择，而不是简单地以第一感觉为依据，以避免草率选择带来的负面体验。如果经过深思熟虑之后，有学生仍然选择不参与比赛，他就是对自己有了比较深入评估的基础上做出的选择，就会为自己的选择担起责任来。简单来说，身为教师，此时要做的，就是让学生真正看见活动对自身发展和成长的价值。

班级活动培养和发展学生的个体自主性，要明确教师和儿童在这一目标实现中的角色定位，充分发挥各自的主观能动性。必须相信一点，有情怀、有专

业的教师，对每一类每一个班级活动的成长价值都会有比学生站位更高、角度更全的思考和判断，因此教师的引导、陪伴的重要性也是不言而喻的。正如微型盆栽创意比赛活动中教师走到前台的目的和价值。活动后来如期开展了，而且取得了让人欣喜的效果。值得分享的一个细节是，最终有三个学生仍然选择了不参与比赛活动，因为他们自我评估时，就认为自己缺乏这种细腻的动手能力，不想在活动中体验失败。但他们愿意作为欣赏者甚至评委的身份参与到评比活动中——后来大家决定班上所有同学都是评委。一开始佳怡是希望所有人都参与比赛活动的，这给少数学生带来了巨大的心理压力，这一点教师要看得见，要给予儿童立场的积极回应。

教师重要的角色担当和实践智慧，就体现在如何让儿童成为班级活动的设计者、组织者、管理者，而不仅仅是被动的参与者。尤其是那些自上而下的主题活动和班级常规活动，教师要能放手、敢放手和会放手，让学生真正成为班级活动的主体和主人。低年级，教师要听听学生的想法，要时刻关注不同学生在具体活动中的真切感受；中年级，教师要和学生一起来设计、组织活动，让学生充分表达自己的想法和意见；高年级和初中，教师可以让学生有更多的机会独立自主地设计、组织、管理活动，教师要做的是"该出手时才出手"。无论是低年级、中年级还是高年级、初中，教师都要充分研究学生，了解和理解学情，要关注学生个体在班级活动中的真实体验，这样才能让儿童的个体自主性得以萌芽、生长和茁壮。

充分发挥儿童的个体自主性，教师还要善于激发和利用儿童间的相互影响，也就是要重视学习成长共同体的建设。在微型盆栽创意比赛活动的前前后后，还有一些值得分享的细节。其一，佳怡同学在决定设计、组织开展这项班级活动之前，曾经征求过班上个别同学的想法；其二，在准备参赛过程中，有些同学就如何设计自己的盆栽、如何提炼盆栽的创意点，相互进行了探讨和合作。

第一个细节，既说明了佳怡同学有进行活动前期评估的意识，个体自主性已经很突出了，又暴露出她的调研范围有明显局限，才导致宣讲时出现各种没想到的状况。这正是教师应该看见并给予学生成长需要的针对性指导的具体方面。第二个细节，教师应该关注两点：一是最后确定的活动方案是否应该明确学生是独立设计盆栽还是可以合作设计；二是要让学生自己比较两种选择的不同意义和价值。这两个细节都启发教师如何在班级活动中构建学习成长共同体。构建学习成长共同体正是班级活动保障学生共同成长和个体成长相互促进，并使得个体自主性培养和发展的价值得到最大限度保证和彰显的需要。

体验：班级活动创造童年价值的必由之路

　　无论是成人还是儿童，最真实的成长都源自对生活最真切的体验。外在于体验的生命成长，肯定不涉及心灵、思想，"学会生存，学会生活，学会创造生命的意义、价值和尊严"也就成了空中楼阁。

　　班级活动的成长目标，无论是日常的，还是主题的，无论是学习活动的，还是文体活动的，唯有通过学生自知的真切体验这一路径才能慢慢达成。那么，什么是体验呢？先来分享一下三个班级活动小故事。

　　（1）笔者曾经在铺满上万块广场砖的操场上，组织学生玩过一个"寻宝"游戏。将班上 60 名学生分成 10 个小组，让他们通过团队合作的方式，快速在这上万块砖中找出不足 10 块有标记的。学生们热热闹闹地寻找了 20 分钟，游戏结束，公布得分，有 9 个小组得分为零——一个也没找到。

　　（2）级部要举行小学阶段的最后一次"相约小剧场"活动，主持人轮到了向日葵班。教师组织了一次主持人班级选拔活动，最终根据全班师生的投票，选定了一个男生和一个女生——报名的有 12 人，这两个学生是以前从没有主动或被指定当过大型活动主持人的，其中的男生甚至连小组活动也没有主持过。从活动准备到正式举行，这位男生一直认认真真练习，平时显得温吞、总是低垂着眉毛的他，仿佛变了一个人，眼神里闪着自信的光芒。他在这周的班级故事中写道："终于在小学阶段的尾巴，抓住了当主持人的宝贵机会……"这位女生平时大大咧咧，但这种主持的事儿以前从不肯上前，这次她在班级故事中写道："作为主持人的我有了一份使命感，这种感觉令我十分光荣，但更多的是紧张……走上台，望着各班同学们充满热情的脸庞，我不禁放松了下来。"

（3）一位老师告诉我，自从班级开展小组竞争活动以来，每个组的学习和活动热情高涨，但也出现了一种现象：当一个小组里有成员掉链子时，其他小组就会欢呼起来。老师想针对这种情况开一次班会，可又觉得学生的表现是真实天性的流露，对班会如何入手以及是否会有教育引导的价值和效果产生了犹疑。

什么是"体验"？《现代汉语词典》中的解释是："通过实践来认识周围的事物；亲身经历。"刘惊铎的《道德体验论》中，"体验"被定义为人类的基本生存方式之一，一种图景思维活动，也是一种震撼心灵、感动生命的魅力化育模式。在教育语境中的"体验"，指的是一个认知内化的过程，即在实践行为中亲身经历动态过程，再在此基础上实现心理的内化和升华，最终帮助学生主体建构新的认知和新的行动选择。简单地说，体验就是经历了，有体会，有反思，先内化于心，再外显于行。所有缺乏体验的说教，都是外在于学生主体的，都是消极的，都是苍白无力的。

下面我们就结合上面的三个故事案例，探讨怎样的班级活动是体验式的，体验的路径是怎样的，对儿童成长的价值何在。

一、体验是过程性的

班级活动的关键词是"活动"，儿童只有真正参与到活动中并经历活动的整个过程，才可能拥有一次完整的、进行意义建构的体验。班级活动最忌形式主义，班级德育活动最忌说教，就是因为形式主义和说教的方式，都无法为学生提供完整的体验过程。

第一个故事中，之所以出现很多小组 20 分钟里没有找到一块有标记的广场砖，是因为分组仅仅是一种形式，学生并不明白为什么要分组"寻宝"，更不明白为什么要"寻宝"。从任务呈现到分组再到"寻宝",在游戏中没有建立起一个富有逻辑的链条关系,不是一个完整的活动过程。如果整个活动就止于最后的评分,这个活动就是零体验的,就是毫无成长价值的——热闹过后,烟花易冷。班级活动的设计和开展只有关注了过程,关注了过程的联系性、逻辑性和完整性,才能帮助学生经历体验的过程,促进学生在体验过程中发现和建构活动的意义。例如,这次"寻宝"游戏,可以先让学生明确任务,再讨论分组原则,按原则进行分组,然后各小组运用一定的方法策略展开"寻宝"行动,最后进行评价。这样,儿童就体验到,活动的每一个环节是紧密关联的,前面环节是后面环节的基础,最终的结果与前面每一个环节都有因果关系。最后的评价,儿童就不会只关注结果,而是会追根溯源,寻找原因——追根溯源的过程,是一个还原体验、发现意义、升华认知的过程。

体验的过程性,并非要求内心认知的内化和升华与活动的先后顺序步调一致。教师也可以有意在"后果"呈现之后,再引导儿童回顾活动展开的过程,在梳理回顾中对照"后果"重新建构体验,引起深度反思,找准自己的成长点,进行活动的二次设计和体验。这种班级活动,利用的是试错策略,试错与改错构成了一次活动的完整过程。例如,上面的活动,走到评分就结束,它就是一个零体验的活动;如果在 20 分钟内"寻宝"失败后,教师有意在此时才揭示这次任务的一个"举足轻重"的目标——拯救自己最爱的宠物或者团队中面临危险的成员——在学生感到懊恼、后悔的心理基础上,引导他们分析任务失败的原因,并进行二次体验,这次班级活动的成长目标就能顺利达成。

二、体验是主体性的

没有亲身经历,没有参与实践,是不会有真体验的。缺乏主体性,缺乏主体的内化,体验就是缺位的,教育和成长都不可能发生。班级活动忽视体验的主体性,其教育目标就难以在儿童身上得到落实,因为对于具体的儿童来说,这样的班级活动，是外在于儿童的成长需要和心灵的。不触及情感和心灵的活动，无论怎么热闹，都是隔靴搔痒，都是形式大于内容，内容也苍白无力，没有多大教育意义和成长价值。

第二个故事中，主持人选拔活动，那些主动积极参与选拔赛的学生的体验最具有主体性。他们体验的主体性表现在每一个阶段里，开始前的期待和准备，参与时的心境与行动，宣布结果时的紧张、失望、释然、骄傲，活动总结时的反思……童年价值的创造就在鲜明的主体性体验中得到实现和张扬。童年价值创造原本就是一个自我实现的体验过程，那些学生无论成败与否，积极参与和真实体验本身，就是一种自我实现。正因如此，他们才会在自己的文字中写下这次经历。

那么，如何在具体的班级活动中确保每一个学生都能获得主体性的体验呢？主持人选拔活动中，并不是所有人都报名参与了选拔，还有一半学生没有报名参与选拔，这半数学生极有可能会游离于活动之外，缺乏具体的主体性体验。这需要教师在活动设计的时候，就做到考虑周全，让活动中不同角色的学生都能有属于自己的主体性体验。主持人选拔活动中，没有报名的学生，应该有三个具体的任务：一是反思自己为什么不报名参与，并和老师、同伴探讨如何认识自己不参与的理由；二是在读懂选拔规则的基础上，参与评价甄选，为选出最合适的主持人贡献自己的智慧和建议；三是为参与选拔的同学提出有意义的建议。这样，几乎每一个参与这次班级活动的儿童，都有了经历主体性体验的实践机会，都在进行童年价值的自我创造。

三、体验是选择性的

体验的选择性有两层意思：一是任何班级活动中的体验，即使学生经历和实践的活动内容是一样，因为每个学生的个体差异导致他们的体验并非一致；二是教师要精心帮助不同的学生选择成长需要的体验点。

居里夫人在《居里夫人自传》中有这样的文字：在听父亲读诗文的活动中，居里夫人的体验聚焦于诗文所表达的思想情感，所以才会对祖国更加热爱。上面的第一个故事案例中，学生之所以没有能够通过团队协作和策略选择来很好地完成任务，是因为他们的体验聚焦的是活动表面的"好玩"，而不是目标任务。很多班级活动效果不佳，就是因为教师没有意识到儿童在活动中的体验是有选择的，以为所有预设的成长目标都会自然随着活动的开展，而被学生理解，并被学生在过程中体验到。

活动体验的选择，与学生的成长背景、兴趣、需要等有关，与教师的活动设计和引导也有紧密的关系，还与活动开展的环境因素有关。第一个故事案例中，对学生体验选择起重要作用的是学生的兴趣需要和环境因素。教师首先将活动性质定位为"游戏"，且没有对输赢的奖惩做出说明，学生对活动的体验选择就会指向过程中的"好玩"，"寻宝"的严肃性就不会被体验到。这次活动的地点是学校广场，学生每天都会在上面追逐游戏的地方，他们对这个地方已经感觉很熟悉了，但从没关注过广场砖里藏着什么奥秘，这就使游戏有了一定的新鲜感，任务目标有了一定的吸引力，所以整个 20 分钟里，学生虽然不因任务而紧张，却也一直投身任务中。熟悉环境的陌生化，原本应该有更加深刻的成长体验点，比如反思为什么一般很少有人注意身边事物的与众不同之处，善于发现熟悉事物被忽视的特点有什么价值等。这类体验点的选择，往往更加依赖教师的引导。

教师明确了儿童对班级活动的体验存在选择性，能帮助教师更有针对性地落实班级活动的共性目标和个性目标。

四、体验是需要设计的

同一个班级活动，对于儿童来说，既有共性的成长目标，也有个性的成长价值，尤其是班级德育活动，学生的道德认知和当下的行为选择并不在同一个水平线上，如何设计惠及所有学生的班级活动，是教师的职责所在。

第三个故事案例中，教师的审慎态度是对的。首先，不同组的学生喝倒彩，这是一种自然天性的流露，如同球迷会为对方球员喝倒彩一样。其次，喝倒彩的并非所有不同组的学生，有些学生已经能够设身处地地为别人着想，有同理心。再次，如果仅仅针对此事来组织班会活动，能落实的可能不是儿童一生受用的成长目标，而是就事论事的一点体悟。教师在开展班会活动之前，要想明白这种现象到底意味着什么，需要通过班会活动落实怎样的成长目标，进而思考设计怎样的体验才能落实相应的成长目标。显然，以小组竞争活动本身为事实现象设计班会活动，体验就缺乏设计，学生会因为"警惕性"而迎合教师的期待，体验的虚假性导致成长目标"流产"。最好的设计，可以从有关的电影片段入手，再设计情境性的体验活动，步步深入，循序渐进，不着痕迹地链接到教室生活，体验就会层层入心，清晰而真切，成长目标的落实就有保障了。

同样，第一个故事案例中，如果教师在打分评价之后，再代入能够触及学生心灵的任务目标，引导学生在反思回顾中进行再体验，这就是一种基于目标实现需求的设计了。

总之，体验是班级活动创造童年价值的必由之路，教师在设计组织班级活动时，应自始至终重视儿童的真实体验，并科学地选择和设计体验，让体验成为活动的主角、灵魂和焦点。

班级系列活动：让儿童成长有迹可循

　　教室里的生活丰富多彩，每天都不同。作为成长主体的儿童，每天不仅仅是面对和置身丰富多彩的教室生活，更在创造着丰富多彩的教室生活。儿童正是在教室生活的参与和创造中收获能力的生长和品格的发展。

　　认真观察分析，我们会发现，表面有序的教室生活中，每天都会有新的变化，都存在着不确定性，都会有新的故事发生。如何通过班级活动促进儿童在丰富多彩、不断变化的教室生活中，经历主体性的体验，建构新的认知，发展多方面的能力，是教师必须面对的课题。

　　先来看一个案例：

　　多年的教师经验和观察发现，传统的班干部制度总是很难解决一个难题：班干部不知不觉中丢掉了服务意识，挥舞起了"权力大棒"。每一个班干部都在自己负责的领域里，用"权力"管着大家，甚至有时候，班干部自己一边犯着错误，一边居高临下地管着别人。虽然在选班干部的时候，教师会一再强调，班干部的职责是为同学服务，和大家一起成长和进步，但是，正如社会现状一样，理想中的干部定位应该是为社会大众服务的，实际上却成了挥舞权力大棒的"官员"，学生们也把班干部当成了世俗意义上的干部或官员。鉴于此，笔者在班上尝试了班级服务岗制度，并通过系列活动让这一制度的初衷得到落实。

　　为什么要将班级服务岗制度的落实设计成系列活动？不仅仅是对于儿童来说，这是一次新的尝试和体验，是对以前班干部制度的反思性颠覆，更因为它将建构儿童对班级生活的重新认识，对自己在班级生活中角色的重新定位，它将塑造儿童间平等互惠的关系，培养他们的责任意识、服务意识和民主精神。这一切，不可能直接随着班级服务岗制度的实施就水到渠成地实现了，而需要通过精心设计的系列活动，有步骤有层次地落实。这个系列活动基本分为三个阶段：第一个阶段是讨论教室生活需要哪些服务岗，通过自主选择、协商调整加集体信任投票的方式选出各个岗位的负责人，让负责人自己制定岗位职责，并在教室生活中尝试实施班级服务岗制度。第二个阶段是在一段时间后，组织开展岗位责任人的自我评价和同学评价，发现班级服务岗制度实施以来教室生活面貌的变化，指出各个岗位的成绩和不足，对岗位责任人或岗位职责进行调整。第三个阶段是在班级服务岗成为班级生活常态之后，利用一次成长课，组织儿童比较班干部制度与班级服务岗制度有什么异同，并讨论在班级服务岗制度实施过程中习得的积极认知和行动能力等，可以迁移到哪些生活场景中。通过这三个阶段的系列活动，儿童不仅树立了"人人为我，我为人人"的服务意识，还在活动中主动探索最合适的策略、方法为班级、同学乃至家庭，同时也为自己服务，锻炼了多方面的能力。

这个案例，至少可以带给教师三个方面的思考和启示。

第一，为什么要开展班级系列活动。选择系列的方式开展某些班级活动，是因为无论是关键能力的培养还是必备品格的形成，都不可能是一蹴而就的，儿童任何一个方面的成长，都是循序渐进的，都是逐步发展和实现的。例如，班级服务岗要培养学生的服务意识，但服务不是忽略主体体验的盲目奉献，而是服务主体在有意识的行动中，体验到自己劳动的多维价值，带给他人方便和美好的同时，锻炼了自身行动的能力，收获了内心的成就感。成就感从实际上凸显了服务的价值，让服务意识慢慢落地生根，这中间必须经历尝试、观察、体验、批判性反思等一系列的主体选择和内化的过程，系列活动的开展正是为了创造和建构这样一个由易到难、由浅到深的循序渐进的过程。

班级系列活动一般分为两种：一种指向促进儿童某个具体方面能力或品格

的形成，例如以培养情绪管理能力为目标的系列活动、以提高个人收纳整理能力为目标的系列活动、以养成自主阅读习惯为目标的系列学习活动等；另一种是以内容主题为线索的系列活动，这种系列活动蕴含了多方面的成长目标，例如，以"大地在心"环保教育系列活动为例，既有建构对环境和环境保护的认知与理解，又有合作能力的培养，还有课题研究方法的学习和实践，最终形成环保意识，努力成为环境保护的践行者。无论哪种系列活动，都是教师根据儿童成长的实际需要，怀着明确的目标意识，精心设计一个个连绵不断的、富有层次关系的班级活动。每一个系列活动，最终都是为"立德树人"服务的，都指向了"向真向善向美"的班级活动母题，并且使育人目标，即儿童的成长需求更能落在实处。

第二，儿童的成长需要怎样的班级系列活动。不同的年龄阶段，儿童的身心发展状态和成长需求是不同的；不同地域的儿童所处的环境、日常的生活经历等各不相同，成长的需求也会不同。从儿童的主体性出发，设计开展班级系列活动，首先要考虑儿童最实际的成长需求。以"了解祖父母的童年生活"为内容和主题的系列活动，适合三四年级的儿童，深入到课题研究层次的环境教育系列活动，更适合五六年级；博物馆系列课程活动，大城市的儿童开展起来能落到实处，"田地里的四季"活动，农村的儿童有得天独厚的条件，也有利于培养学生对土地的积极情感……

其次，班级系列活动的开展要遵循儿童的成长规律，活动要有层次感、逻辑性和递进性。儿童的身心成长具有一定的规律性，班级系列活动要落实具体的成长目标，就要遵循儿童成长的规律。儿童当前的发展基础，是确定合宜的成长目标的参考，是班级系列活动设计开展的起点。班级服务岗制度落实的案例，就说明了这一点——儿童在传统班干部制度下服务意识的缺失，换位思考的缺位，组织协调能力的隐身等，就说明了改变这一传统班级生活制度对于儿童成长的必要性。

情绪管理对于中低年级学生来说，是一个迫切的成长需求。但情绪管理能力的形成，需要一个过程，一个具有层次感和递进性的、儿童切身体验和实践反思的过程，这个过程对应的是儿童情绪管理能力发展的规律性，组成这个过程的就是系列班级活动。这一系列班级活动，一般需要三个阶段、两个学期的时间来组织落实。第一阶段，认识情绪和运用多种形式表征情绪。教师可以借助有关绘本、绘画和音乐手段等，引导学生认识和表征不同的情绪，并在情境活动中对自己的情绪进行辨识，体验情绪带来的直接"后果"——积极的和消极的。第二阶段，让儿童搜集自己在生活中观察和体验到的情绪及不同情绪带来的直接影响，对不同情绪进行评价，并尝试在生活情境中调整、控制自己的情绪，体验情绪调整和控制的不同方法和带来的结果。第三阶段，做情绪的主人，交流分享管理情绪的心得，并尝试帮助同伴、家人等如何积极管理情绪，体验情绪管理的积极价值。情绪管理系列活动，最好在二年级时开展，一年级只做渗透工作，重点是观察、了解班级内每一个儿童的情绪和性格特点，掌握影响每个儿童情绪的主要事件和人物。二年级上学期，开展第一和第二阶段的活动，下学期开展第三阶段的活动，这样就能让情绪认知、体验和管理与学生身心发展的需要基本达到协调一致。当然，第三阶段活动的结束，并不是情绪管理活动课程的结束，在整个小学阶段，都要随时关注不同儿童情绪管理能力的真实状态，因为儿童任何一项能力的发展都具有个体性特点，这也是儿童成长的普遍性规律之一。

第三，班级系列活动中，童年价值是怎样被创造出来的。指向学生成长、积极创造童年价值的班级活动，在促进学生具体能力生长和品格发展上，往往都是根据适切的成长目标，设计和实施有层次的系列活动。蕴含着具体成长目标的系列活动，在教师的精心设计和学生的主体性参与下，应该体现出成长线索清晰、循序渐进、逐步深入、层层落实的特点。班级系列活动的价值，首先就在于为儿童的成长体验提供了一个个清晰的线索和节点性教育事件。无论是哪一类型的班级系列活动，系列都是为具体能力的发展和品格的形成服务的，一步一个脚印，需要教师在活动设计时，关注每个节点教育事件之间的序列性和逻辑性。这序列性和逻辑性中，实际蕴含了儿童具体能力发展和品格形成的序列性和逻辑性。儿童在每一个节点性教育事件中，都能以主题为参照，更加清晰地感受到自己在活动中的成长变化。例如，班级服务岗系列活动中，儿童一开始感受到的是自己服务的热情，接着发现为班级和同学服务需要方法和能力，然后会在服务和被服务中感受到责任与团队的意义……

相对于独立性的单个活动，班级系列活动能够为每一个具有独特性的儿童在活动中逐渐找到自己的位置，实现自己的成长需求。某个儿童在系列活动的第一个阶段可能属于边缘人，但在第二个阶段可能会找到适合自己的角色，并以主体身份积极参与活动。以"相约小剧场"系列活动为例，一个平常几乎不敢奢望主持人岗位的男生，一次次感受到台上主持人的从容和自信后，竟然在最后一次"相约小剧场"的主持人选拔中主动报名，并成功突围，当上了主持人。对于这个男生而言，这一班级系列活动的童年价值创造，有可能是刻骨铭心的，是终生难忘的，其意义是巨大的。

班级系列活动，不都是按照时间序列展开的。例如，我们学校一年级开展了以"悦"为情感体验基础的系列活动，分别是"悦动""悦礼""悦读"等，这些活动是同时展开的。这种系列活动，让儿童在活动中以主体身份从多角度感受到自己的成长，发现自己的优势和不足，找准自己成长的方向，从而积极创造自己的童年价值。有的发现了读书的乐趣，自主建构了自己与书的关系；有的体验到了礼仪的价值，随时随地让自己成为彬彬有礼的人；有的感受到了运动的快乐和成就感，还发现了自己喜欢的运动项目……这种系列活动，使得儿童能够有多样的平台进行自我发现和确认，为童年价值创造注入积极的能量。

仪式与仪式感：班级活动中重要的心灵成长元素

一个共同体的凝聚力来自共同的目标追求，在共同体的行动当中，总会有一些特别的时刻、特别的东西让共同体成员感受到共同拥有的精神成长密码。班级应该是一个成长共同体，儿童在班级中逐渐拥有的共同的精神成长密码，是在班级生活，尤其是班级活动中形成和习得的。这种精神密码的显性表现，就是班级活动中具有独特性和成长价值的仪式。

一、仪式的成长价值

笔者和向日葵班的学生一起度过了四年携手成长的美好时光。这四年中，向日葵班的教室生活都是在仪式中开启的：每天早晨，当学生都进了教室，班级"主管"（班级服务岗之一）一声响亮的"起立"，所有人齐刷刷地站直了身子，昂首挺胸，目光望着前方，用饱满的情绪齐诵感恩诗：

可爱的太阳光芒带给我明亮的一天。

精神的力量充满我的心灵，

给我的四肢增加活力。

在阳光澄明的照耀中，

我崇敬你，噢，造物主！

由于您的恩典，人类的力量源泉流进我的心田。

我全力以赴热爱学习和工作，

力量和光芒来自于您，向您致以真诚的爱和感谢。

学生诵读结束，作为教师的我，会用简短的几句话概括自己观察到的学生们的表现，有时是表扬几个人，有时是提醒某些行为，给予他们具体的鼓励或期望。一首简短的感恩诗，到底有多大力量，到底能给学生带来怎样的内心体验，可能是不好衡量的。但是，当这首感恩诗以仪式的方式为学生开启每天的班级生活，它就拥有了不一般的意义，成为向日葵教室师生共同的行动指南。

向日葵班还有一个师生共同拥有的仪式，那就是在一些集体性的活动中朗诵班诗《我是一株向日葵》。班诗的一二节是这样的："我是一株／一株美丽的向日葵／当春天的阳光洒下的时候／我捧着一个希望／静谧而安详／／播满种子的世界／四周都是勇敢的枝头／舞动的每一片叶子／都在颤抖着渴望。"情绪饱满、庄严响亮地诵读班诗的仪式，让学生们为自己是向日葵班的一员而感到骄傲，他们经常会说"某某是我们向日葵班的骄傲"，或者会用这样的话提醒做错事的同学："可别给向日葵班丢脸哦！"班诗赋予了班名以具体的含义，同时在学生心中勾勒了共同的成长愿景，而朗诵班诗的仪式赋予了班诗更加丰富的意义，让班诗更加深入人心。在班级生活中，班诗和朗诵班诗的仪式强化了学生心灵的归属感，再加上诵读感恩诗的仪式，使得学生每天走进共同学习生活的教室，就感觉像是走进了共同成长的一个美好的心灵家园。

向日葵班学生在毕业之际，一些学生在班级故事中表达对班级生活的留恋时，都提到了每天诵读感恩诗的情景，为自己是"一株向日葵"感到骄傲，这证明这些班级活动中的仪式和仪式活动，对于儿童来说，的确具有重要的成长价值。

学校生活中，既有每天的一些小仪式，也有每学期或每年的大仪式，还有特定活动的仪式。向老师问好、上课前的肃静和下课时的告别等，都是日常的小仪式。这些小仪式，让儿童习得最起码的规则意识，儿童借助仪式，牢记学校的校规校训，对自己的学生身份拥有了积极的认同感。班级的晨会也是一种仪式，这种仪式让儿童理解和内化班级生活的意义，建构起对学习和成长的自我意识。开学典礼是每年一次的大仪式活动，不仅让儿童对新学年的学校生活充满向往，更让儿童对自己的成长充满了幻想和期待。

根据仪式在活动中的地位和比重，又可以分为两种：一种是仪式活动，一种是活动中的仪式。晨会、散学的仪式，以及开学典礼等，都属于仪式活动，因为整个活动是以仪式为主要内容和特征的。当学校或班级举行某个主题活动时，为了让儿童认识到活动的重要意义，引导儿童积极认真地参与活动，会在活动开始或结束时举行某些特定的仪式。这种情况下，活动是主体，仪式是活动的一部分，是渗透其中的元素。

无论是仪式活动，还是活动中的仪式，其目标和作用都是一致的。仪式因其具有庄重性，能够深入参与者的心灵，给予参与者心灵以力量和精神的支撑。学校和班级活动中的仪式和仪式感，能够唤醒儿童心中美好的情感，是儿童心灵的港湾和力量的源泉，能凝心聚力，给班集体和班级中的每一个个体以自信。从这种意义上讲，仪式其实是一种文化，是班级成员共同认同、浸润其中的成长文化。在班级这个充满仪式行为的地方，教师要善于利用班级生活和活动中的仪式行为，让儿童拥有安全感和归属感，拥有积极向上的愿望和力量。

二、仪式因成长需要而创造

曾经看过一则短片，拍的是一位老师每天早晨在教室门口迎接每一个学生的到来。每个学生在进教室之前，都有一套与众不同的与老师打招呼的方式，比如击掌、拥抱、碰脚等。这是每一个学生和老师一起创造的每日见面仪式。

仪式是怎么创造出来的？人们为什么要创造仪式呢？《小王子》中有一段关于仪式的对话：

第二天，小王子又来了。

"最好还是在原来的那个时间来。"狐狸说道，"比如说，你下午四点钟来，那么从三点钟起，我就开始感到幸福。时间越临近，我就越感到幸福。到了四点钟的时候，我就坐立不安，我就会发现幸福的代价。但是，如果你随便什么时候来，我就不知道在什么时候该准备好我的心情……应当有一定的仪式。"

"仪式是什么？"小王子问道。

"这也是一种早已被人忘却了的事。"狐狸说，"它就是使某一天与其他日子不同，使某一时刻与其他时刻不同。比如说，我的那些猎人就有一种仪式。他们每星期四都和村子里的姑娘们跳舞。于是，星期四就是一个美好的日子！我可以一直散步到葡萄园去。如果猎人们什么时候都跳舞，天天又全都一样，那么我也就没有假日了。"

是的，仪式的目的是让生活、活动具有内心的仪式感，种下一种积极向上的信念，让这一刻的价值和意义非同凡响——"它就是使某一天与其他日子不同，使某一时刻与其他时刻不同。"当老师在教室门口用富有仪式感的互动开启一天的班级生活时，这一刻，让师生彼此信任，一起对新一天的学习生活充满了美好的期待。

创造童年价值的班级活动，需要教师和学生一起，用心创造一个个具有班级特性的仪式。不同的班级活动，对仪式和仪式具体内容的需要是不一样的。日常的班级活动，仪式内容的创造和应用要有固定性，不能随意更改仪式内容；周期性的班级活动，仪式内容也要尽量固定；根据学生成长的即时需要创生的班级活动，到底需要什么样的仪式，师生要当作活动的一项重要内容，共同创造。

仪式的创造是为儿童的成长需要服务的，所以，并不是越多越好，而是要随着教师对班级学生成长需要的理解，在创造中选择，在选择中再创造。

仪式创造和选择，要有一定的原则。首先，要服务于儿童的成长需要。在低年级的时候，儿童学习活动规则，仪式感比理解规则的意义更能深入心田。这时候，仪式创造和应用，总是与活动规则联系在一起的。例如，早上走进教室，向同学问好声音要响亮，向老师问好要伴随鞠躬动作，将学习用品有条不紊地摆放在桌肚和桌面上，这些日常学习活动，都要当成仪式来完成。早上走进教室的仪式非常重要，它能让每一个走进教室的早晨变得优雅起来，使得儿童一走进教室就很自然地在心中告诉自己：我走进的是教室，是一个让我收获成长的地方。上课、下课、站队、用餐……仪式要一点点渗透。等到儿童慢慢有了班集体概念，就可以创造属于班级独特的一些仪式，让儿童通过仪式进行身份认同，获得归属感。例如前面提到向日葵教室里的感恩诗和班诗的诵读。

其次，要有清晰的、简明的一套动作。任何班级活动中的仪式都是靠动作呈现出来，并赋予动作以特定的意义。仪式中的动作不宜复杂，要清晰、简明。比如，上课的仪式通常只有三个动作：起立、鞠躬问好、坐下；班级庆典的仪式，开始时是诵读感恩诗，结束时是诵读班诗。动作越简明清晰，越能凸显仪式感和仪式承载的意义，越能凝聚人心，彼此认同，将班级活动开展得更精彩。

最后，要遵循集体认同的原则。班级活动是集体活动，但集体是由一个个人格独立的个体组成的，活动要取得一致的价值认同，仪式的作用很大，同时仪式也需要经历集体认同的过程。尤其是中高年级的学生，自主意识、个体意识越来越强，他们会主动探求仪式的价值，更希望参与活动仪式的创造。例如，最能让儿童感受到团结友爱的生日庆祝活动，除了有一般生日庆祝的仪式，为了让大家都以自己是班集体中的一员而骄傲，大家会一起商量创造出新的仪式元素。再如，每月一次的班级读书会活动，开启仪式不能只由教师来决定，也不能只由几个爱读书的学生来设计，让全班同学参与创造和选择，会使班级读书会更有吸引力。

班级活动时，仪式成为学生期待的部分，说明学生在集体生活中拥有了共同的信念和价值追求，并享受承载共同信念和价值追求的仪式感。仪式和仪式感不仅是为了在班级生活中培养儿童良好的习惯、积极的态度和规则意识，还能够促进儿童会将这种积极的仪式感带入自己个人的成长生活中，用仪式赋予自己生活中各种事情以明确的意义和价值。这是班级活动中的仪式和仪式感给予儿童最有生命成长价值的影响。很多艺术家开始创作时，都会有一套固定的动作要完成，例如有些画家作画前会更衣、净手、静心，甚至还有燃香的。这些仪式，是用来修养心性、凝聚精神的，能够保障创作时拥有最好的思维和情感状态。仪式存在于集体生活中，也存在于个体的行动中，它能令人"在自由和秩序之间达到一种平衡，更有意识地去感觉、珍惜生活中的特殊时刻"（洛雷利斯·辛格罗夫《我们为什么需要仪式》）。班级活动中，教师有意识地发挥仪式的作用，对学生的影响是潜移默化的，也是温润贴心的。

班级游戏活动的儿童成长价值

《童年论》一书专门用一个章节来探讨玩耍是否可以看作是童年文化，又到底是怎样的一种童年文化。书中主要探讨的是儿童自发或自主的玩耍和游戏活动对于儿童成长的价值，由此，教育者，尤其是教师可以得到启发：既然游戏是儿童所挚爱的活动和交往形式，为了更好地实现某些必要的成长目标，可以将游戏活动作为班级活动的重要选择，进行精心设计和组织，以促进儿童健康积极地成长。

在《游戏的人》中，约翰·赫伊津哈从游戏作为文化现象的性质和意义、游戏的教化功能、游戏与法律、艺术等多角度的关系探讨了游戏的价值。在谈到儿童游戏时，他指出："儿童游戏具有最本质、最纯粹的游戏形式。"在游戏中，"童年生活完全得到认可""童年的恐惧，肆意的欢乐，神奇的想象，神圣的敬畏，全部卷进这种借助面具和伪装的奇特表演中，难解难分"。赫伊津哈还指出："从儿童生活直到文明的最高成就，个人也好，社会也好，追求完美的最强烈动机，就是渴望因自身优秀受赞赏和敬仰。"这些都在告诉人们，游戏在人的成长中就有极其重要的价值。

的确，游戏因为其自主性，因为它能让参与者特意置身平常生活之外，"不严肃"，同时能让游戏者热情参与、全神贯注，所以，很多儿童游戏活动是培养儿童良好性格和社会技能的有效方法，最关键的一点是，游戏的有趣能让儿童在玩耍中快乐成长。

以"向真向善向美"为母题的班级活动，必然需要借助儿童最喜欢的活动形式，更加积极有效地促进儿童的身心成长。游戏活动，就是儿童最喜欢的活动形式之一，就成为了呼应母题的班级活动内容和形式的重要选择。

作为班级活动的游戏活动与儿童自发的游戏活动有什么区别，对儿童具有哪些具体的成长价值，应该如何设计和组织……厘清这些问题，可以帮助教师从专业角度认识班级游戏活动，积极认真地根据学生年龄特征、成长需要为学生设计、打造丰富多彩的班级游戏活动。

一、班级游戏活动的主要特点

既然是班级游戏活动，首先就具有育人的目的性。这也是班级游戏活动与儿童自发的游戏活动最根本的区别之一。儿童自发的游戏，也蕴含着丰富多彩的成长价值，比如规则意识与合作意识的启蒙、身体和情绪的自我控制、仪式感的培育等。在自发游戏中，这些成长价值不是游戏的显性目的，因此儿童这些方面的成长，大都是无意识的。班级游戏活动是教师针对儿童最迫切的成长需求，精心选择、设计和组织开展的，教师会在游戏活动过程中根据具体的成长目标诉求，对活动中的儿童进行观察、评估和适时指导，活动结束后，也会像其他班级活动一样进行小结和评价，让成长目标被学生清晰地感知到，并能进行自我评估、反思。例如，为了让儿童克服对同伴的成见，发现每个人身上的美好，教师组织开展了一次好玩的班级游戏活动：抽照片，夸同学。游戏中，每个人随机抽出一张班级同学的照片，根据照片上的信息用一句话夸奖同学。这个游戏的趣味性首先集中在"随机抽取照片"的环节上，"扣人心弦""激动人心"；接着集中在"夸奖"上，因为要根据照片上的信息，"富有挑战""充满期待"。作为一次班级游戏活动，目的性体现在成长目标的设计上，所以最后一个环节"评议谁最会夸奖同学"就显得尤为重要——为了让活动始终具有游戏的特征和吸引力，大家评选最会夸的同学将获得一份奖品。

通常，一个班级游戏活动会蕴含多种目标，如提高团队合作能力、树立自信心、提高交往能力等，但教师在设计具体的班级游戏活动时，都会有一个重点的目标定位，使其目的性更加集中、鲜明。

班级游戏活动具有包容性。这与儿童自发游戏的排他性区别十分明显。儿童自发游戏是构建同伴文化的一种活动方式，身处其中的儿童在游戏中寻找身份认同，建立同伴关系。哪些人可以参与游戏，要么由游戏的发起者来决定，要么由最初一起创造或参与游戏的同伴集体决定，无论是哪种情况，都说明儿童自发游戏具有排他性。班级游戏活动与儿童自发游戏的一个重要区别，就是它具有包容性的特点，在班级成员之中，鼓励所有成员积极参与，尤其要求班级成员要积极热情地鼓励、接纳、包容那些平时被忽视甚至被排斥的同学。班级游戏活动的包容性，是由其"向真向善向美"的育人目标所决定的。

班级游戏活动的包容性还表现在对游戏本身的严肃态度的宽松与宽容。一般的游戏活动，既是有趣的，也是严肃的，一旦游戏者在游戏中输了，或者因为游戏者的不胜任而影响了多数人对游戏质量的期待，就会被淘汰出去。班级游戏活动除非是要利用淘汰这种体验来促进儿童的成长，否则都会尽力包容游戏中的不胜任者，并帮助他们在游戏中拥有更多积极的收获。

班级游戏活动具有限制性。除了像一般游戏活动一样具有时间和空间上的限制性，班级游戏活动还会考虑育人价值的普适性和特殊性，尤其要考虑具体的游戏活动对班级每一个学生会带来怎样的心灵体验。班级游戏活动的限制性，就是要避免让班级内任何一名儿童感觉游戏本身对其具有排斥性，要通过游戏本身以及各种方式让每一个儿童具有安全感。

二、班级游戏活动的成长价值

班级游戏活动成长价值的实现，有赖于教师的精心预设，也有赖于学生的切实需要和积极主动地参与。不同的成长需求，需要利用不同的班级游戏活动来为儿童的成长服务。

团队协作能力是现代社会生活必需的能力，是发展核心素养的需求。儿童并不天生具有团队协作能力，而且由于心理年龄特征和生活环境的差异，团队协作能力恰恰是大多数儿童所缺乏的。教师精心设计指向培养儿童团队协作能力的班级游戏活动，契合的正是儿童成长的需要。这类游戏活动可以是看上去很简单，很有趣，但操作起来必然需要协商合作的任务，比如给每个小组同样的材料，让他们变废为宝，创作一件大家集思广益的艺术品，或者在每个小组成员都必须动手参与的情况下，共同创作一幅图画；也可以是比较复杂的任务，比如"广播电台"游戏，将班级学生分成 6—8 人一组，设计 20 分钟的广播节目内容，节目内容中必须包含另一个小组中每一个成员的最新消息。如果班级学生团队协作意识淡薄，能力欠缺，不妨用一个月时间，每周开展一两次这类的班级游戏活动。

沟通能力是人与人交往中重要的基础能力。教师可以设计为以发展儿童的沟通能力为主的班级游戏活动。良好的沟通需要有良好的倾听习惯和技巧，"故事接龙"游戏就是培养倾听能力的。教师读完一个故事，接着做一个 5—10 分钟的体育游戏，再来读这个故事，看看谁能够在教师停顿时记得接下来的内容。还有一种"心里话"游戏，让一个组员暂时离开，其他组员一起讨论出一个"秘密"词语，等这名组员回来后，其他组员要通过问问题、聊天等各种方法让其说出这个词语来。

情绪控制是儿童在成长中需要认真学习的本领，是重要的自我管理能力之一。有一种游戏叫作"脱离掌控"。游戏需要一个骰子和一些小奖品。游戏的第一部分是轮流掷骰子，掷出奇数的可以选一个小奖品，直到小奖品被选完为止；第二部分是接着掷骰子，不过规则是掷出奇数的可以从别人那儿选一个小奖品，直到规定的时间结束。这个游戏让儿童感受到，生活中总会有很多事情是自己难以掌控的，但情绪是可以自己掌控的。引导儿童控制情绪的游戏随时随地都可以组织开展，比如故意让个矮的和个高的学生分别组成一组进行某项比赛活动，根据组员给出的表示特定情绪的词语进行身体表演等。

班级游戏活动还可以帮助儿童培养发现力、自信心、应对力、创造力等。教师可以根据班级儿童在成长中表现出来的实际情况，确定班级游戏活动的成长目标，选择游戏内容和方式。一些有创意的教师往往会利用课堂上的合适时间，为了帮助学生集中注意力和培养发现力而设计组织有意思的班级游戏活动。例如，有一种"数数"游戏，让所有学生轻轻闭上眼睛，开始数数，第一个人数"1"，接着随意一个人数"2"，一个接一个数下去，不能有两个人同时报数，也不能一个人报了两次数，看看最终能顺利数到几。事实上，任何一种班级游戏活动，都可以同时指向沟通力、情绪控制力、协作能力等多种成长目标。不仅如此，班级游戏活动还能帮助学生树立自信心，营造轻松和谐的班级氛围，让每一个儿童在游戏中看到自己的价值。

三、班级游戏活动的设计打造

虽说教师可以随时随地根据学生成长的需要设计组织各种班级游戏活动，但学校教育的时间性和空间性等因素决定了班级游戏活动应该有比较科学合理的规划，在儿童成长的不同阶段，设计打造不同目标指向的班级游戏活动。

儿童刚刚进入小学，规则意识的建立、自信心的树立、沟通能力的培养等，是他们成长的迫切需求。这个阶段的儿童，往往对教师的说教是一头雾水，听不懂，也就学不会，而游戏活动既是他们所爱，也更容易帮助他们学习规则，树立信心，学会沟通。这时候，教师不妨经常设计打造一些简单、有趣而又目标鲜明的班级游戏活动，以促进儿童的积极成长。

8—9岁是儿童学习在真实情境中控制情绪的关键时期，同时对于同伴相处中的应对力发展有了迫切需求。教师这时就要重点设计打造目标指向情绪控制能力和应对力发展的班级游戏活动。

小学毕业阶段，共情力、协作能力、责任意识、发现力等，是儿童成长的目标诉求。班级游戏活动的设计打造，就指向了这些成长目标。

除了大概根据不同成长阶段的需要设计打造班级游戏活动，教师还要根据班级学生的特点，敏锐地发现学生的成长需求，随时精心设计打造适切的班级游戏活动。

　　到了中高年级，随着学生综合能力的发展和差异性的显现，设计打造班级游戏活动要充分体现学生主体意识，教师要鼓励儿童主动发现同学中存在的成长问题，自主设计打造助力同学和自身成长的班级游戏活动。尤其教师要常常以游戏活动中普通一员的姿态积极参与到游戏中，以同伴的身份引导儿童在活动参与中加强积极体验，学会自我反思，实现自我成长。

第三辑

把儿童当作儿童

找准诗意与理性的平衡点

一名优秀的一线教育者，首先要有过硬的专业素养，其次要有灵活的实践艺术，在这两者的背后，还离不开教育情怀作为支撑。在实际工作中，大多数一线教育者往往不缺教育情怀，言行里都是满满的爱，可总在遇到具体的学生问题时束手无策、满心烦恼。原因何在？缺的正是专业素养和实践艺术。如果说教育情怀是一种诗意，那么专业素养和实践艺术就属于一线教育工作的理性范畴。做好儿童成长的引领工作，诗意有余理性不足不行，只有理性没有诗意，又很难触动学生的心灵和情感，工作效果会大打折扣。所以，找准诗意和理性的平衡点，是每个一线教育者必须练好的内功。

一、自由与规则

一位教一年级的年轻教师向我请教学生管理问题，说班上孩子有上课随意走动、随意讲话，下课容易起冲突、随便拿别人东西等情形，有时有一团乱麻的感觉。她请教的重点落在是给他们更多的自由还是要制定十分详细具体的班规上——因为现在都强调尊重儿童天性，要给学生更多的自由，她不知道如何抉择。跟她讨论了个别孩子的情况和引导策略后，我就自由和规则问题提出了自己的建议。

在班级管理中，很多教师都会在自由和规则问题上遇到困惑，尤其是越来越崇尚"尊重儿童天性"的今天，让孩子们在教室生活中享有更多的自由成为共识，很多年轻教师就不敢对学生的行为进行管理了。一些碎片化的介绍欧美教室生活的文章，大肆宣扬欧美教室中学生的"自由自在"，诸于学生听课时躺着卧着、随意走动都没有老师干涉之类的"发现"，更让我们的很多教师惭愧，觉得我们的确在尊重学生自由上欠了孩子们太多。不过，有的老师又发现了全美优秀教师克拉克的教室里竟然有多达55条班规，这让他们更加不知所措了——自由和规则，到底该如何做出抉择？

我也曾经心中洋溢着满满的诗意，要做解放学生天性的天使老师，让学生享受更多的自由。我告诉学生，我的课堂上，只要你的心思放在学习上，不打扰别人，坐姿、行动等都不受约束。可以想象，习惯了端正坐姿听课的孩子们，没有了之前的规矩约束，解放的不仅仅是身体，还有心中一直蠢蠢欲动的游戏和互动欲望，结果部分学生上课就不安分了，课堂纪律受到干扰了。"牵一发而动全身"，课堂上无拘无束了，整个教室生活也跟着热闹起来，被释放的似乎不是诗意盎然的天性，而是无所顾忌的野性。没办法，还是要求他们老老实实坐端正吧。

事后，我开始反思：问题出在哪儿？答案是，自由和规则并不是相互对立的，而是并行不悖的，甚至是相辅相成的。只有当孩子们心中有了基本的规则意识后，自由才能与天性完美融合，得到积极张扬，收获丰富的成长。所谓规则意识，一定是学生认可和内化的，而不是一直来自外部的强加和控制。所以，后来我在教室生活中会与孩子们一起讨论制定班规——班规必须来自有序的教室生活的需要，而不是为了控制和统一。起初，我会让学生分组将他们制定的班规用主题图的形式在教室中呈现出来，一是为了让班规可视化，二是为了更好地引导学生进行自我评价。时间久了，有些基本的规则意识已经深入学生心田，相应的主题图也就化于无形了。

我告诉年轻教师，对于刚刚走进小学的一年级孩子，建立基本的规则意识是必要的。只有当孩子们心中有了基本的规则意识，他们才能真正享受到教室生活中的自由，他们天性中积极的因素才能得到张扬并获得尊重。哪些属于基本的教室规则呢？首先是保障课堂学习秩序的规则，其次是保障集体活动秩序的规则，然后是保障孩子们和谐相处的规则。对于一年级的孩子，规则条目繁多，他们是应付不过来的，结果就会形同虚设。科学的做法是根据班级学生实际，针对最紧迫和最突出的问题，和学生一起制定相应的教室规则。当一种规则得到内化，沉淀在学生的行为习惯中，这条规则也就可以做减法，让其他需要的规则走到台前。

规则的遵守往往不仅仅是"知不知道"的问题，更是"会不会"的问题。尤其对于低年级孩子，既要使他们懂得规则是什么，还要引导他们通过怎样的程序达到对规则的遵守。例如，"课前做好学习准备"这条规则，看起来十分简单，为什么很多学生很长时间做不到？不是他们无视这条规则，而是他们不知道怎么去做。这时候，教师就要告诉他们"程序"：课桌上最好有课表，下课时看看下一节课是什么课，将有关学习用品准备好，再去干别的事情。

我所告诉年轻教师的，既有来自自己工作的经验和教训，也有来自专业书的学习。作为教师，尊重和保护学生的天性，让每个孩子快乐自由地成长，这样的诗意情怀不可或缺；拥有科学的精神，在工作中讲究方式方法，以保障诗意情怀落地，更是需要认真历练的。自由和规则并非矛盾的两极，而是保障一个班级积极健康和班级内每个人和谐发展的一对"好兄弟"，根据班级学生特点和需要制定共识性规则，找准共识规则引导下的自由边界，也就找到了自由和规则的平衡点，就能引领着班级内每个孩子逐渐拥有契约精神，健康有序、自由快乐地成长。

二、期待与等待

一位年轻教师从陶行知先生"四颗糖"的故事中得到启发，认为完全是赞美、信任和期待的能量使小男孩一下子认识到了自己的错误，收获了成长和"新生"，然后得出结论并分享了自己一些"成功"的做法：

作为教师的我们，不可避免地会遇到各种各样的"问题学生"，他们可能会给我们带来许多麻烦，长此以往，我们可能只看到这些学生的短板，而忽略了他们的优点，造成了"问题学生"越来越有问题。我们更应该善于发现学生的闪光点，有的老师可能觉得"问题学生"没有闪光点。我们应该放低要求，加以"放大"，使"问题学生"的闪光点也能熠熠生辉。有时候，我甚至会为后进生"制造"闪光点。例如：即使学生成绩平平，家长若问起孩子的成绩，我会向家长撒一个善意的谎言，告诉他孩子最近进步很大。对于考试时难度较大的题，我会先对后进生进行一些指导，学生的成绩出来一定会给大家一个惊喜……

这样的教育感悟和叙事并不少见，充满了诗意，洋溢着情怀，看上去很美——说得更高大上一些，是活学活用了"罗森塔尔效应"。我也有过这样诗意地解读并套用其表面做法的经历，不过事后的叙事老老实实承认了失败——

当时我面对的是一名单亲家庭的男孩，五年级，十分顽皮，在转入新学校之前，是原校从校长到一年级同学都熟悉的"名人"。老师对他用尽了办法，也不见什么起色，最后不得不把他当成另类来看待——将他的座位安排在远离集体的角落里。

他的"破坏力"我很快就见识到了。开学第一天，就有学生接二连三来告他的状，不是被他打了，就是书本文具被他弄坏了。中午在餐厅吃饭时，他竟然把餐盘当飞碟用，将其远远地扔进餐具车里，巨大的撞击声震耳欲聋。工作人员并不惊讶，原来，他们都认识这位"名人"。

经过多方面调查了解，包括与他本人聊天，我基本弄清楚了他"光荣"的过去，也对造成他如此顽劣脾性的原因有了基本的判断。他的妈妈很早就与爸爸离婚了，并且基本淡出了他的生活。大多数时候，是姥姥带着他，因为爸爸工作单位离家较远。从小他与别的孩子发生矛盾，姥姥都会毫不犹豫地把责任推到别人身上。一年级开始，老师就拿他没辙了。以前的同学，没有一个人指出他有什么优点，都认为他是不折不扣的坏孩子。

我想，他在原校长期被边缘化，很难感受到来自老师和同学的正面关注，更感受不到大家的信任。一个不会自主反思的儿童，在这样的环境里，他只会越来越表现出攻击性和敌意，不会收敛破坏行为。要改变他，就要从建立相互的信任开始；和儿童建立信任，要从发现他的优点并及时表扬开始。我决定实践"罗森塔尔效应"了。

第二个星期，我任命他为班级纪律监督员，并负责整队。在班上发出这样的提议时，迎接我的首先是一片哗然。当我问是不是不信任他时，聪明的孩子马上明白了我的想法，大声回答："信任！"我转向他："你能当好纪律监督员吗？"他想了想："应该行吧。"他走马上任了。

我利用一切可以利用的机会及时肯定并表扬他的工作成绩，其他方面的点滴进步我也会在所有孩子面前表扬他。果然，他有了比较明显的转变，接连几天没有孩子告他的状了。更令人欣慰的是，班上的几位老师都发现他在课堂上有了明显进步。他偶尔还会制造些小麻烦，甚至招来过隔壁班学生家长的投诉，但反馈回来的整体情况，是非常乐观的，不仅同学们说他转变了，餐厅的工作人员也说他变懂事了。

我窃喜：信任和表扬真的是法宝，我的期待有回报了，看来有期待就能真的改变哪怕已经当了四年"坏孩子"的学生。

但是，半个学期之后，情况急转直下。信任和表扬遇到了尴尬。

他又开始惹事了。孩子们接二连三地到办公室告他的状，一会儿是他欺负女孩子了，一会儿是他把教室弄得乱七八糟了，一会儿是他数学课上捣乱了……几乎到了让人应接不暇的地步。每次犯了错误后，一见到我，他三步反应：首先是辩解，接着是认错，最后是保证。等你转过身去，他又犯事了。我也没辙了。

现在想来，我除了期待，除了表扬，也没拿出什么别的辙来，更没有针对造成他这些行为的原因拿出辙来。后来经过与他爸爸的谈话、家访等，我了解到，除了姥姥的祖护，家庭教育还有很多不利于他建立正确认知的地方。比如，他在家不是看电影就是玩游戏，电影几乎只喜欢"古惑仔"一类的，"古惑仔"成了他的榜样；他每次在家不讲理或者在外面惹了事，竟然不是受到批评，而是得到三五十元不等的"奖励"——姥姥和小姨的奇葩逻辑是，给了钱让他去买自己喜欢的东西，他就答应不捣乱了⋯⋯而他爸爸是一个对什么都不发表意见的老好人。因此，他并非因为心智和心理原因导致了无法自控才表现得顽劣，恰恰是家庭教育让他从小就认为捣蛋付出的成本小，却"收获"大。我也曾努力找他姥姥谈谈，但他姥姥总是避免与我见面，后来我就放弃了。

这个男孩我一直教到六年级毕业。后来我不断运用各种"兵法"与他"斗智斗勇"，总算相安无事地把他送进了初中。虽然我自己觉得对他的教育引导是失败的，但在大多数老师眼里我很了不起——毕竟他在这两年里仅仅在班级内折腾，且对同学们的影响越来越小（事实上是学生到了六年级，大多不在乎他的折腾了）。

这个案例和很多老师语焉不详的"成功"案例折射出的问题，也是我们儿童教育工作中诗意有余，理性不足所导致的。我们总是沉迷于自己的期待，且先入为主地认为付出了期待就一定会收获与期待一致的效果，一看到学生有了半点转变的迹象，就高调宣扬自己的"战绩"了。我们很少能耐住性子等待等待，等到过了足够的时间才根据实际对自己的教育行为做出评价。不可否认，每个老师都希望所有"问题学生"在自己的关爱下能转化，甚至脱胎换骨，逆袭成为优秀学生。但是，我们通常只看到学生有哪些显性的问题，却没有下足够的功夫，对学生问题的成因、性质、程度等做出科学准确的判断，更不能制订出一份合理的转化引导方案，仅仅凭情怀和爱心去做单向的努力。其真正收获的结果，如果老师愿意正视，或者对自己的付出愿意耐心等待做延迟性评价的话，往往是与那些诗意的叙事中所呈现的并不一致，甚至截然相反。正如前面引用的一段老师的叙事，向家长撒善意的谎，给"问题学生"特殊照顾，这种缺乏理性的做法到底会结出"善果"还是"恶果"，不用足够的时间进行跟踪观察和研究，我们是不能轻易下结论的。

在我自己的这个案例中，我曾在这个学生逐渐出现好苗头的半个学期里，写了近两万字的叙事，几乎每写一篇都为自己感到自豪，觉得自己的爱心和行动都是转化这个学生的法宝。等到半个学期后一切恢复如初，我才意识到自己太诗意太浪漫了。后来我进行反思和学习，深刻地认识到一个在认知行为上长期存在问题的学生，即使我们找对了解决问题的切入点，用对了引导的策略和方法，也需要通过很长的时间，经历多次的反复，才能帮助其获得有限的进步——何况我仅仅是付出了信任和期待而已。如果我们沉溺于诗意的叙事里，而不愿意用理性来检视自己的教育行为和成效，就容易无视自圆其说甚至自欺欺人的尴尬。很多老师从陶行知先生"四颗糖"的故事中只看到了以爱为基础的教育智慧，却没有看到陶行知先生面对的是一个怎样的学生，也没有看到陶行知先生奖励学生四颗糖背后的考量。显然，陶行知先生遇到的是一个偶发事件，且提前做了功课，知道这个男孩并不是"问题学生"，所以这四颗糖能起到立竿见影的引导效果。但我们面对的每一个学生都是独一无二的，成长经历、性格、行为特征各不相同，假如我们手中也有四颗糖，到底该怎么用，生搬硬套陶行知先生的做法恐怕是不行的。

怎么找准期待和等待之间的平衡点呢？一是要检视自己在期待之外，是不是做了更多有价值的工作；二是要耐得住寂寞，用足够的时间来检视自己期待的成果，不急于得出美好的结论。我们要认识到，每个"问题学生"的问题千差万别，成因也各不相同，转化的路径和时间的长短也会不一样。学生不是抽象的，期待也不应该是抽象的，善于等待，延迟评价，实事求是，我们的这类教育叙事才具有分享和教育学的价值。

三、情怀与专业

有老师跟我交流，说班上一两个顽劣的学生整天不得消停，让人累得精疲力竭，尝试了很多方法，可以说是软硬兼施，最终都成了无用功。那么，老师都做了些什么呢？软的就是谆谆教导，给予包容和信任，努力发现闪光点加以表扬；硬的就是对照班规批评教育和请家长。如今，我一般会接着跟老师探讨，知不知道学生的家庭情况怎样，亲子关系如何，家长的教育理念和方式方法是什么样的，学生有没有特殊的成长经历等。很多老师在面对这些问题时都会一脸茫然。显然，老师的软硬兼施，从出发点到行动，基本都是诗意的。

我遇到过一个大家公认的"熊孩子"。据说一二年级的时候，这孩子毫无规则意识，上课时在教室里随意走动，大声笑闹，或者干脆出了教室不见人影——也只有他和另一个"熊孩子"离开了教室，课才能正常进行下去，所以后来老师也就乐得看他出去了。三年级的时候，我接手这个班，发现问题的严重性后，找来家长进一步了解孩子的情况，要求家长一起努力，尽快促使孩子不打扰正常的班级秩序。开学不到两个星期，孩子父母突然一起到学校来找我，提出可不可以让孩子转学到私立寄宿制学校去读一年。我很惊讶，询问他们的想法，他们说其实在家里他们也管不了这孩子，天天都被他闹得头大，想送到私立学校去管管，说不定会有所改变。虽然想到班上少了这样一个让人头痛的"熊孩子"，我应该庆幸，但直觉告诉我这不是一个好的选择，便请他们慎重考虑。最后，他们还是将孩子送到了私立学校。四年级的时候，孩子回来了。正如我所担心的，孩子不仅没有"脱胎换骨"，反而有了新的问题。他原本就长得粗壮，现在走起路来大摇大摆，连女教师都怵他；他蔑视任何规则，第一次班级活动排练，他不听负责人的指令，理由是"我是我，为什么要听她的"；他识字量少，阅读有很大困难，却不肯接受帮助，理由是"很多人没读书不也出名了"；他所有的对错都以自己的判断为标准，无论谁有意见，都是用"谁信呢"三个字回答；他低自尊，不把优秀放在眼里，觉得优秀不优秀都是一个人，没有区别；他甚至经常说生活没意思，爸爸妈妈都不爱他，想自杀……

我心里清楚，一个严峻的课题摆在了眼前，毕竟我们得一起在同一间教室里度过三年。我开始在自己的心里注满激情和诗意，希望能用一两个月时间引领他回到正常轨道。进行班级服务岗竞聘的时候，他强烈要求负责教室卫生督查，我请同学们信任他，同意他的选择；双向分组的时候，鼓励小组长积极回应他的选择……我与他聊天，从他的记忆中了解他的成长历程，比如六岁前的关键记忆；我与他的父母沟通，希望得到更多他在家庭中的信息……显然，他与我上次在五年级遇上的那个孩子不同，他的家庭教育中不仅没有溺爱，反而自上幼儿园时就开始经历没完没了的亲子冲突。我告诉自己要针对性地为他做些事情，加强了与家庭的沟通、协商和合作，他的爸爸妈妈也表现出了积极的态度。

理想很丰满，现实很骨感。我对他的特别关注和投入，各种有意无意的软硬兼施、爱严相济，换来的是老师们的告状，同学们的投诉。他最怵的是老师将他在学校的不良表现告诉家长——他不喜欢回去被数落的感觉，虽然他并不在乎爸爸妈妈的管教。他对老师向家长告状既害怕又表示不屑——我清楚这更会影响他对老师的信任。有时为了在一定程度上约束他的行为，我会小心翼翼地在这件事上做文章，例如事先约定在什么情况下可以告诉家长，什么情况下给他机会。

一个月，两个月……什么也没有改变。回想起来，我每天花在他一个人身上的精力超过了花在其他所有孩子身上的精力，这对其他孩子是不公平的，且在他身上没有见到任何效果。我之所以将他的案例这样具体写出来，是因为我经常听到老师为同样的情况所困扰。他们跟我一样，满腔热情，毫不退缩，为了一两个这种孩子的成长和班集体的和谐安宁，"诗意前行"。

终于，我怀疑自己是不是一直在很盲目地"奋斗"着。我开始找更多的专业书阅读研究，直到碰上梁培勇教授策划主编的《儿童偏差行为》，才幡然醒悟。原来，这孩子的所有表现都与注意力不集中／多动症综合型症状吻合，只有给予科学的诊疗才能有所成效。面对目前中国专业的儿童偏差行为心理诊疗的资源贫乏现状，我重新与家长沟通，一起重新认识问题，一起改变以前的诗意做法，以足够专业的方法、极大的耐心和孩子相处，引导他一步步回归正轨。果然，很快我和孩子之间重新建立了信任，他每天能尽最大的努力控制自己的行为，给课堂和同学带来的干扰渐渐减少。有时，他会自己做出判断，觉得在某些专用教室里很难控制自己，就会主动提出留在教室里看书或发呆。孩子们也在我的引导下注意与他的相处方式，包容的同时给他更多积极的回应，使他渐渐在教室中有了存在感和归属感……

现在有教师再和我探讨这类"熊孩子"的问题，我会问得更细致一些，建议他们收集更多的相关信息，对孩子的情况做出更专业的解读和判断，再采取相应的措施。因为我明白了情怀和专业之间的平衡点在哪里——情怀不单单是美好的愿望，更应该是不断地为了实现美好愿望去学习、研究，让自己拥有更加丰富的专业知识和强大的专业能力。有了实实在在的专业作为支撑，我们的行动才能拥有足够的理性，才会收获美好的诗意。

现实的教育生活中，因为很多教师一心要做"爱的教育""诗意的教育"，往往忘了"理的教育""专业的教育"，导致了诗意和理性的失衡，也导致了他们忽视专业素养和实践能力的提升。这样的教师阅读学习大多选择"名师成功案例"，偏爱"教育意味着一棵树摇动另一棵树，一朵云推动另一朵云，一个灵魂唤醒另一个灵魂"这一类的"名言"。其实，教师是专业技术人员，只有靠专业才能安身立命，有了专业的保障，热爱才能融化学生的心。

教室生活中的责任担当

一

　　想起那个叫一凡的女孩。一个十分可爱、讨人喜欢的小姑娘，从五年级开始就用心将自己打扮得漂漂亮亮，至于读书，不偷懒，但也算不上努力。有一天课间，一个调皮的男孩神神秘秘地交给我一张纸条，原来是一凡写给大家眼中班上最优秀男孩的"情书"。放学后，我跟一凡聊了聊，肯定了她对优秀同学的爱慕之情，探讨了她自己要得到别人的好感和尊重，需要做些什么。最后，我们达成了共识，一是要使自己成为优秀的人，二是爱情是需要担当的，就像她的爸爸妈妈，长大了，有了自己的事业，有了为彼此创造幸福的能力，他们才拥有了真正的爱情，爱情之前是同学情和友情。在这之后，她刚刚萌芽的"爱情"就偃旗息鼓了，不再被人注意。

　　时间转眼到了六年级。上学期还没过去一半，我们发现，其他的女孩都有了很多心思，或者在学习成绩上铆足了劲儿，或者拥有了无话不谈的"闺蜜"，或者开始做起了"公主梦"……一凡也突然发生了变化，以前只专注于打扮和展示舞姿的她，开始关心班级里的每一件事，地面是否整洁，抹布是否干净，展板是否美观，书柜是否整齐，哪个同学是否需要帮助……她家离学校近，每天她很早就来到教室，把教室收拾得有条不紊、整洁明净。没事的时候，她也喜欢在老师面前撒撒娇，说说同学们之间的趣事……当然，她也忘不了时不时在教室里显摆显摆自己的美好姿态——她是学校健美操队的主力队员。几位老师聚在一起聊起学生时，总忘不了要夸夸她。

不知不觉，小学毕业临近了。班上的孩子们商量好，毕业典礼过后，还要在教室里举行班级的毕业联欢会。前一天，十来个孩子精心地布置起教室来，其中当然少不了一凡。她凭着自己的审美，和同学们商量着怎样的布置最赏心悦目，很快他们就达成了一致。当桌椅摆好、彩带彩球挂好、白板装饰好，其他同学离开后，一凡还在教室里东瞅瞅西瞧瞧，她要看看有没有漏掉什么事。很快，她找来彩笔和白纸，坐下来，又忙起来了。下午，我们看到，每一张课桌上都放上了一个精致的姓名牌，简洁美观的背景图案，不同设计的姓名字体……用心欣赏，让人觉得每个同学的姓名字体就是根据其性格特征量身打造的。

毕业联欢会结束后，一凡又主动收拾起来，让教室恢复成平时的样子。

是什么让一凡以及其他孩子发生了这么大的变化呢？是他们突然长大了，就懂得关心他人和集体，懂得责任担当了吗？当然不是。进入六年级，我们考虑到学生正步入一个身心发展的关键期——青春期，同时面临着人生旅途中的第一个毕业季，为了使他们能在这一学段得到最适合的教育、引导和陪伴，促进他们积极阳光地成长，我们通过深入研究和思考，为他们精心打造了成长需要的毕业课程。毕业课程围绕"规则""责任""自立""包容""理想"等五个关键词进行目标定位、内容规划和课程实施。关于"责任"，我们是这样表述的：

责任意识首先表现为认真地完成自己分内的事情，进而表现为自觉地用行动表达对身边事物的关心，它是一种能力素养，更是一种品格素养。一个人懂得对自己负责，说明他已开始建立比较完整的自我认知，有明确的自我成长诉求；一个人懂得对身边的人与事负责，说明他已开始主动积极地建立自我与世界的关系，有了担当意识。由于大多数学生是独生子女，家庭教育的缺失和偏差使他们大多很难在生活和学习中树立责任心。毕业季的学生处在进入青春期的当口，这时候如果不能树立基本的责任意识，对他们的成长会产生很大的负面影响。因此，在学习、活动中引导学生树立明确的角色意识，学校与家庭教育形成合力，促进学生责任担当意识的形成与强化，是毕业季的基本任务之一。

为了促进学生尽快树立责任意识，我们精心设计开展了一系列主题课程活动，例如"我的地盘听我的""大手拉小手""我是生活真能手"等，并通过成长课引导他们从学习、生活的点点滴滴入手，努力成长为主动参与、积极担当的人。正是有了这样的教育目标定位和具体的课程活动实施，才逐渐成就了拥有责任担当意识的一凡们。

二

2016年9月，北师大课题组的研究成果《中国学生发展核心素养》发布，使得学生核心素养培养成为教育的热门话题，也成为教育研究和实践的重要课题。《中国学生发展核心素养》提出，以科学性、时代性和民族性为基本原则，以培养全面发展的人为核心，中国学生发展核心素养分为文化基础、自主发展、社会参与三个方面，综合表现为人文底蕴、科学精神、学会学习、健康生活、责任担当、实践创新六大素养，具体细化为国家认同等十八个基本要点。当初经合组织率先提出核心素养结构模型，思考的是现今人类发展的最根本的问题——现代社会的持续发展需要怎样的人才。《中国学生发展核心素养》这份研究成果正是对这一人才培养诉求的回应，因此，不管这份研究成果是否足够科学，也不管我们对其持什么样的态度，今天的学生需要怎样的教育，教育应该为他们的发展提供怎样的课程，帮助他们培养哪些必需的品格和能力，却是我们必须积极面对的课题。一个全面发展的人，必须具备能够在未来社会获得个人人生幸福，并为社会发展做出应有贡献的关键能力和必备品格，是我们每个人都会认同的观点。那么，培养学生积极的社会参与意识，促进学生成长为具有责任担当的人，就是教育应然的诉求。

对于小学生而言，通过社会参与形成的责任担当具体指什么呢？当然不是学生在处理与社会、国家、国际等关系方面所形成的情感态度、价值取向和行为方式，而是学生在学习生活中处理与同伴、班级、家庭及身边社会生活等关系方面所形成的态度、能力、观点和行动智慧等。学会处理与同伴、班级、家庭及身边社会生活等关系，是将来处理与社会、国家、国际等关系的基础。对小学生身心成长影响最直接最深刻的是教室生活，学校或者班级教育培育学生的责任担当意识，首先就应立足于教室生活，通过师生共同参与的教室生活创造，让学生学会对自我、他人、共同体等负起责任，在教室生活实践中体验责任担当带来的成长收获和成就感。

一凡的故事带来的启示是，一个人首先要懂得爱自己，对自己负责任，然后才有能力去爱身边的人，为身边的人创造美好；一个成长中的儿童，责任担当意识的形成，需要陪伴和引领，更需要有课程和活动的滋养；对于儿童来说，责任担当是具体的，看得见的，是可以清晰体验的，才能成为他们主动习得的能力修养。教室生活中的责任担当指向的维度与社会生活一样丰富多元，但学生的成长不是一蹴而就的，怎样培育发展学生的这一核心素养，就值得教师去探索和实践。

三

在具体的教室生活中，促进学生逐渐拥有责任担当这一核心素养，可以从以下几个方面入手。

（1）对自己负责是在教室生活中学会责任担当的起点。笔者读过一篇文章，文章讲的是一个刚到美国私立学校就读的中国学生，虽然各科考试成绩都名列前茅，老师给出的学段学业评价却不是 A，而是 B。这个学生和家长都对此十分疑惑和费解，后来通过咨询才恍然大悟。原来，学校对学生的学业评价不仅仅看考试成绩，还要综合考虑学生的学习态度。这个学生因为觉得学习的内容很简单，不用完成老师布置的家庭作业也能考高分，就有几次作业任务偷懒没有完成。结果，这种行为被学校视为缺乏责任意识——其实，这一点已经写在了学校发给学生的手册上。学校的理念是，认真完成家庭作业是一个学生最起码的责任，如果连自己的作业都不放在心上，就很难培养起责任意识来，将来有可能会成为没有责任担当的人。培养学生的责任担当意识，要引导他们从对自己负责开始。

引导学生对自己负责，也就是引导学生学会自我管理，首先要让学生明白他们应该在教室生活的哪些方面、如何承担起自我成长的责任。小学阶段，一年级入学之初，老师要精心设计课程、活动，让学生不仅要逐渐形成规则意识，还要循序渐进地学习自我管理，对自己的事、自己的行为负责。教室生活中，很多应该遵守的规则，就直接指向了自我成长的责任意识培养，例如不迟到、分清上下课等。绘本阅读课程在这时候就可以成为教室生活的选择，例如《大卫上学去》《我们的强强》等。根据低年级学生的年龄特征，有些责任如何落实，是需要教师教给他们程序性知识的，例如整理自己的储物篮、保持自己课桌的整洁等，要设计相应的课程，让学生习得方法，进而养成习惯，形成能力，内化为责任意识。自我管理包括方方面面，有些是随着年龄和学年段的变化而循序渐进地学习的，有的是要一以贯之持之以恒的，例如认真完成自己的学习任务，包括家庭作业、实践活动任务等。

学生逐渐懂得了对自己个人的事负责，进而就要引导他们对自己的言行负责，对自己身为其他角色所应该承担起的事务和结果负责，这就是对自己周边世界的责任心，指向责任担当意识培养的终极目标——学会用负责任的态度处理与同伴、班级、家庭及身边社会生活等关系。这时候，教师要引导学生积极承担起教室生活共同体中的具体责任，例如遵守并维护课堂纪律的责任、身为教室生活某个岗位负责人的责任、自觉创造美好教室生活环境的责任等。这都有赖于学生能以主体的身份参与班级管理和创造，使他们在教室生活中清晰地体验到自己作为教室主人翁的责任所在，以及责任担当带来的成就感。教室生活丰富多彩，无论是传统的班干部制度的实行，还是转换视角设立班级服务岗，都是学生自主选择，学会责任担当的实践平台。所以，清晰的责任担当，还要让学生拥有更加具体的教室生活服务角色，如图书管理员、小组负责人、学科联络员等，而不是笼统地以学生的角色来承担笼统的责任。

（2）培养学生的责任担当意识，不仅要让学生在实践中体验责任担当带来的成就感，还要引导学生学会责任反思和判断。责任担当意识属于道德素养范畴，小学生养成一种道德习惯，一开始靠的是"有样学样"，接着是从道德实践中经历的道德体验，而道德习惯要最终内化为一种可靠的道德品质或素养，就有赖于学生能够自觉地进行道德反思和判断了。

在成长课上，引导学生对自己在教室生活中承担的服务角色进行责任分析和评价，积极体验责任担当带来的成就感，会使学生意识到，积极自主的责任担当使自己的行动获得了更多的意义和价值，为自己、更为大家带来了更多的美好。除了这样有意识的交流体验，平时教师随时随处肯定和鼓励学生有责任担当的行为，使他们随时随地都能体验到责任担当带来的成就感，同时引导其他学生感受同伴负责任的行为给大家带来的好处和帮助，就会使责任意识深入人心。但这还不够，内化为生命素养的责任担当还应该具有自我反思和价值判断的自觉，否则就有可能把责任当成功利性的追求，或者好心却办了坏事。

我们经常会见到，有学生过于热情，一看见同学有"困难"，毫不犹豫地就出手相助，不管被帮助者愿不愿意接纳。例如，一个负责展板设计的学生，将作品摆了一地，为的是寻找最满意的组合与构图，这时另一个学生热情地冲过来，三下五除二就将作品都收拾了，结果就可想而知了。这件看上去微不足道的小事，却体现了缺乏思考和判断的道德行为的盲目，恰恰走向了责任担当的反面。再如，有的学生因为自己身为某项具体事务的负责人，曾经严于律己，是大家责任担当的榜样，慢慢地由于过于关注同学在这方面的表现，忽视了自我管理。避免这种情况发生，就需要引导学生养成对责任行为进行反思和判断的习惯——对道德行为的反思和判断本身就是一种责任担当意识。

（3）培养学生的责任担当意识在立足教室生活的同时，还要走向更广阔的生活天地。责任担当意识的培养离不开具体的课程和活动实践，这些课程和活动不能囿于教室生活之内，它们要能使教室生活呈现出应有的开放性，从而将责任担当意识体现于学生的全生活中，尤其是要与家庭教育建立起一致的责任观念。

现今最普遍的现实是，学校教育引导学生做有责任担当的人，家庭教育却让孩子心安理得地做不需要任何责任担当的宠儿，其结果是学生出了校门就卸下了责任的担子，责任担当实际上成了学生潜意识中的功利追求。这是十分可怕的，它使得道德行为与道德认知不一致，学生以后就会很自然地见机行事，成为没有责任担当意识的伪善者。所以，指向责任担当意识培养的课程和实践活动，要加强家校联系和互动。这种联系和互动，要是具体的、经常性的，师生和家长都看得见的，并且一起真正看到了对孩子成长的积极价值。学生学校的课桌是整洁的，家中的书桌和房间不能是凌乱的，而且都应该是自己收拾的；学生在教室中有具体的服务角色，在家中也要承担起具体的家务来……只有当学生在自己的全生活中都体验到责任担当带来的成就感，看到了自己和身边人因为责任担当创造出的美好价值，这一生命发展的核心素养才能种进心田，生根发芽，开花结果。

尊重"不一样"

有一篇题为《你和他们一样》的教育叙事，大意是：班上有一位课上课下不断惹事的男孩，一次面对教师的批评时，他当着妈妈的面理直气壮地说自己是因为没有吃药才捣乱的。教师马上以为自己找到了问题的症结：男孩一直以为自己需要吃药才能管住自己，妈妈忘了给他吃药就应该捣乱。教师"对症下药"，对男孩说了一番话，大意是"你现在能站着一动不动，说明其他同学能做到的，你也能做到，因为你和他们一样"。文章结尾这样写道："听到这番话，他睁大眼睛吃惊地望着我。从此以后他真的'没病'了。"

不知道诸位读了这样的结尾会作何感想，反正我是表示怀疑的。当然，我的怀疑既不表示我是悲观主义者，也不表示我是吹毛求疵，我只是觉得，教育是一件复杂的事情，每一个教育者所期望的具体教育效果的取得，都不可能立竿见影——立竿见影也需要有合适的光源。

无论是教师还是家长，遇上"问题孩子"，都免不了有伤透了脑筋的经历。若不是因缘际会，或者经过了一番用心良苦的教育行动的规划和实施，要转化一个"问题孩子"，可能比赢得一场艰苦卓绝的军事战争还难。这是很多用心用情于教育的人，尤其是教师都亲身经历过的。我就从没有如此轻松地赢得过这样的"战斗"，即使面对的是一个偶尔才表现出问题的正常孩子，甚至是被公认为通情达理的孩子。面对真正的"问题孩子"，哪怕自认为付出再多，仍然遭遇一次次的失败倒是常有的事。我想，很多老师肯定也有同感。

我们当然也有过赢得"战斗"的经历。如果你是一名善于总结和反思的教育者，大概会发现，几乎每一次取得胜利的策略和手段，都无法复制应用到另一个"问题孩子"身上并取得好的效果。这是为什么呢？事实正好与上面案例中教师的看法相反：每个孩子都是不一样的。世界上没有两片完全一样的叶子，世界上也没有两个完全一样的人——即便将克隆技术运用在人身上，也不可能创造出两个完全一样的人来（当然，法律禁止这样做）。

无论是作为教育对象的人，还是社会生活中的人，对于个体而言，"不一样"是永恒的事实，"一样"只是一个外在的或者模糊的概念。教育研究当中有许多统一的概念，运用于教育实践当中的教育理念也有许多是"一样"的，但这不等于说教育对象都是"一样"的。教育对象都一样的话，教育就再简单不过了，利用标准化的流水线就可以解决，何必还要"用一个灵魂去唤醒另一个灵魂"——大家都是同一个灵魂啊！

教育中最可怕的事情就是把每一个教育对象看成是忽略了经历、心智、灵魂丰富性的"一样"。这是用教育者追求的显性结果上的统一，来取代教育对象作为独立的个体生命实际上的多样性和特殊性。"别人能够做到的，你也应该能做到"，换一种说法就是："我要求你做到的，你就应该做到。"谈到这里，接下来我想从几个不同的角度来具体探讨"一样"与"不一样"。

（1）从教育的社会性目标来考量，"你和别人一样"是一个合理的命题。教育的社会性目标是由教育的社会性决定的，它致力于促进每一个受教育者成长为社会人——能适应社会生活且能为社会发展做出贡献的人，简单地讲，就是培养对社会有用的人。这一目标不是从个体人的差异性出发，而是从每一个人所处的社会环境和需要出发，它保证每一个人都处在其中的社会、国家乃至世界能在共同遵守的规则下正常地运转。在这一命题下，"你和别人一样"指的是"你和别人要遵守的社会规则一样，你和别人承担的基本的社会责任一样"，也可以简单地说"你和别人一样都是人，都是社会人"。显然，这里的"一样"，是忽略了人的个体概念的、社会对人的普遍性要求上的一样。对于教育而言，它属于宏观的目标要求，它向社会和国家负责并通过社会和国家向每一个人负责，它隐含在所有的具体教育行为当中，对每一个受教育者体现社会性要求的同时体现社会性公平。

（2）从教育的一般通道来考量，"你和别人一样"也是一个合理的命题。教育的一般通道也就是教育信息传播的通道，指的是承载着教学信息并促成教育赖以发生的一般组织形式和方法措施以及隐含其中的教育理念和规律等。通道中直接起作用的是教育信息，一般情况下教育信息的接收端指的是学生，信息源的发起端主要指的是教师，也包括教育传播媒体、社会真实事物、家庭和同伴等，特定情况下也包括受教育者自己。通常情况下，每一个受教育者都处在这样的教育通道中并接受教育，所处的角色位置是"一样"的。例如，一个学生在同一所学校同一个班级里，从一般教育通道来看，他和其他学生一样，从学校、课堂和老师、同学那里，接收和别人一样的教育信息，他既不会也不应该享受特权，也不会或不应该被边缘化。在这个意义上，他没什么与众不同，每一个人都是"一样"的。

（3）从教育对象的个体差异性和生命独立性来考量，发现"不一样"，尊重"不一样"，才是教育赖以发生的前提和基础。教育的对象是人，不是概念的人，而是具体的具有独立生命价值的个体人。从生命和思想存在的价值来衡量，最重要的是作为个体的人，而不是作为群体的人，群体中的人大多是"乌合之众"。教育只有在触动个体的情感和灵魂的时候，才会被感知、接受和呼应。独裁和极权主义统治下，所谓的教育并非为了每个人的人生，而是用专制思想来钳制每个人，绑架每个人的人生，使每个人都成为同一个人——服从的奴隶和为独裁、极权服务的工具。此种情况下，并不存在真正意义上的为人生的教育。说得远了——但对于现实中的教育者来说，不一定是废话。

　　承认个体人的差异性和独立性，教育才能看到完整的人，才能找到抵达灵魂的教育方法和途径，因材施教，促进成长。一个孩子主观上追求上进，客观上存在方法上的困境，却用勤能补拙的信条来教育他，这是不合适的；一个孩子没有建立性别观念，一味地批评他不讲文明，是很难让他真正意识到自己行为的不当的。行为的表现一样，但表象背后的因由千差万别，或者相似的背景经历，却有完全不一样的行为表现，都说明了作为个体人的"不一样"。发现并尊重这些实际存在的不一样，教育就有了针对性，就可以避免自以为是和一厢情愿，就可能真正触及心灵，让被教育者实现个体生命的成长。

从教育的终极目标来考量，追求"不一样"，才是教育之于人生的最大价值所在。一个健康积极的社会里，教育在社会意义上的求同恰恰是以在个体意义上求异为基础的。每个人的天性得到了发展，个性得到了张扬，都用自己的智慧和能力给社会带来发展和进步，都能创造并享受属于自己的人生幸福，这正是教育存在的终极意义。可以想象，在一个漠视个人幸福的社会里，所谓的教育意味着什么——强制、灌输、恫吓、戕害……也可以想象，这将是一个怎样的社会——专制、野蛮、黑暗、窒息……这样的教育在人类社会存在过，带来了怎样的后果，很多人还记忆犹新。"一个人从小受的教育把他往哪里引导，能决定他后来往哪里走。"（柏拉图语）以理解和尊重来触动受教育者的心灵，他才会懂得理解和尊重的价值，在这样的教育环境中成长起来的"人"组成的社会，才会是幸福和谐的社会。

现在再回到文章开头提到的案例，不难发现，教师混淆了教育的社会性目标和个体性目标，混淆了教育的一般通道与基于个体差异性的因材施教，以为一句"你和他们一样"就能触动那个"问题学生"的心灵，并得到教师所期望的结果。极有可能，教师笔下的"从此以后他真的'没病'了"不是现实的景象，而是教师一厢情愿想象出的教育"硕果"。至少，那个孩子当时的"一动不动"与在课堂上捣乱，是因为他处在了"不一样"的场景中。用社会性期待代替指向个体心灵的教育，无异于缘木求鱼。作为独立的有主体意识的生命个体，一个人在幼儿时就已经能从生理上认识到"我"就是"我"，三岁时就开始建立社会意义上的自我意识，很明确地知道自己与别人"不一样"，十岁左右有了心理意义上的自我意识，开始对忽略其独立性的态度产生抵触和反感情绪。

是的，我就是我，我和别人不一样；你就是你，你也和别人不一样。作为教师，作为一名成人，当你在工作上遇到困难时，他人的一句"你和别人一样"能让你幡然醒悟，重拾信心，收获成功吗？从同理心出发，就很容易理解每个人都是独一无二的，都是无可替代的，都是与别人"不一样"的。面对具体的教育对象，好的教育，应该从发现"不一样"开始。

儿童告状：动机、认知与引导

一个三岁的小孩向大人告状时，一般是因为自己的利益受到了侵犯，或者觉得别人的行为违背了自己心中权威告诉自己的准则——权威导向的是非观。这时候，告状的动机很清晰，前者是寻求安全感，后者是维护权威性规则。儿童寻求安全感，无论是三岁、六岁或者十岁，都是正常的心理诉求，都应该得到积极回应，然后再针对具体情况，引导儿童在能力许可的情况下用合适的方法策略化解危机，培养智慧和勇气。关于"权威性规则"，会随着儿童年龄的增长、认知的发展、内在评价系统的升级等，慢慢拥有了角度多元的理解，在自主理解的基础上做出维护或变通的选择。

随着儿童年龄的增长，生活和学习环境变得更加复杂化，儿童对自我与环境关系的解读与应对也表现得更加复杂。同样是告状行为，就会出现五花八门的动机，对自身或他人告状行为的认知，也会有各不相同的内心情感和道德判断的依据，这时候，教育者的引导就显得尤为重要了。同时，教师面对儿童告状行为的应对，体现出的是一个教育者专业素养的高低，应对科学合理，学生的道德认知水平就会得到提高，行为选择就会慎重；反之，学生的道德认知就会因此偏离正确轨道，行为选择就会远离正义诉求。

曾经有一则一度成为网络热点的新闻，讲的是一位教师惩罚了班上的一位举报人，引来无数点赞。在这件事情中，举报人发现了同学违反班规带巧克力到学校，就以要向老师告状威胁同学分巧克力给自己吃，事与愿违后就向老师举报同学带巧克力。事情的进一步发展就是教师了解真相后，批评了带巧克力的学生，更严厉地批评了举报人。

如果这个案例中举报人是基于规则意识的是非判断，为了维护共同认可的规则而告状，而不是利用同学违反规则的行为谋取私利不成，出于报复心理而告状，又该如何做出评价并应对呢？通常，多数教师会毫不犹豫地认为，前者是值得鼓励的告状行为，后者是应该严厉批评甚至需要进行适当惩罚的告状行为。这样的判断真的是科学合理、对学生道德认知和行为发展负责任和有益的吗？问题可能需要进行更加深入的分析探讨。

对于低年级学生来说，规则往往与权威紧密结合在一起，他们会简单直接地认为符合规则的行为就是对的，有违规则的行为就是错的。遇到错误的行为怎么办？低年级学生一般都会直接选择向老师报告——一是因为教师通常会要求学生这么做，二是在低年级学生眼中，教师就是权威，就是最可信赖的规则维护者。情况也会有所不同，比如，有的低年级学生第一时间会选择劝阻或制止同学违反规则的行为，而不是向老师报告。报告老师与直接劝阻，是两种不同层次的认知导致的行为选择。前者以为，将同学违反规则的行为报告了老师，就是在证明自己懂得规则，同时需要老师来纠正或惩罚违反规则的同学；后者已经认识到，遵守规则是每个人应尽的义务，帮助同学改正错误，重新回到遵守规则的道路上来才是目的。这么看来，若是学生到了中高年级，仍然在第一时间选择向老师报告同学的错误行为，问题就变得复杂了——是道德认知能力没有得到发展还是觉得必须老师出面才能解决问题，又或者是怀着不健康的心理故意为之？

学生告状行为的动机大致可以分为试探型、求助型、嫉妒型、报复型、求罚型、表现型、检举型等。随着年龄的增长，心智的发展，学生告状行为的动机会越来越复杂，不再是单一的某一种动机，有时会同时受到两种或三种动机的支配。这时候，教师面对大量的告状行为，应对处理稍有粗疏，就会给学生的成长带来诸多隐患。

动机转化为行动，其间受到情感和认知两种因素的影响。从上面告状行为动机的分类就可以看出，儿童告状行为，既有积极的一面，也隐含着对成长的负面影响。所以，教师应该从低年级开始，一方面积极而慎重地应对学生的告状行为，随时随地进行科学引导；另一方面要基于儿童立场，精心设计一系列"正确认识和运用告状行为"的课程，不断提升学生的道德认知水平，养成自我监测动机的习惯，从而引导学生理性对待告状，积极建立阳光向上、相互帮助、携手成长的同伴关系。

在低年级，课程的重点是引导学生在体验的基础上自主思考：当遇见同学违反规则和纪律时，自己应该怎么做。教师要充分利用学生学校生活中的案例，帮助学生在真实情景中学会判断，正确选择行动。例如，当自己受到侵犯时，先要指出对方的做法伤害了自己，是不对的，请对方停止侵犯，如果对方继续侵犯，就向老师寻求帮助；当发现同学有违反校规班规的行为时，可以先劝阻，劝阻不听时，再告诉老师。同时，也要引导有错误行为的学生交流自己的想法和认识，这不仅仅是帮助他们反思自己的错误，还是为了让大家初步了解不同境遇中的人对告状行为的不同感受。根据低年级学生特点，课程活动设计可以是绘本阅读与交流，也可以用简单的戏剧表演形式为载体，让学生在角色体验中观察、思考、交流。引导低年级学生如何正确告状的绘本，比较经典的有《不要告状，除非是大事》。阅读这个绘本，关键是帮助学生区分什么样的事是"大事"。戏剧课程，学生代入角色，经历体验的过程，可以帮助学生从单向的、自我中心的认知，走向能够关注事件中每一个人的感受的、多向度的认知，不仅能够体会到身为告状者的想法，也能体会到被告状者的想法。通过戏剧活动中的角色体验，学生会慢慢从关注告状行为本身，初步转向对告状的目的和作用的关注。

到了中年级，课程可以直接指向对告状行为的评价，尤其是自我追问：我为什么要向老师告状？课程的目的就是引导学生对告状的动机做道德评价，提升道德认知水平，从而能够理性认识告状和谨慎选择告状。重要的是，教师要结合真实情景，引导学生反思告状的目的、可能产生的结果以及对自己、同伴的成长价值。中年级的教师可以在适当的时机精心设计开展主题班会课，呈现校园生活中不同的告状案例，引导学生从两个不同的角度思考、讨论。第一个角度是针对告状者的：案例中的同学向老师告状的目的是什么？有没有比毫不犹豫向老师告状更好的解决方法？如果是你，你会怎么想，怎么做？第二个角度是针对被告状者的：如果你是被告状者，你会怎样想？避免被告状，你觉得需要怎么做？……

高年级，学生的道德认知水平有了明显提高，对自己行为的动机能够做出较准确的判断，这时候课程的重点可以针对社会生活中各种告状行为进行讨论和分析，从道德、伦理等多角度树立正义观，从而促使学生建立自己内心秉持的真善美准则，并努力在自己的全生活中践行。这个时候，教师还要引导学生正确区分涉及法律的"告状"，即起诉，与生活中的"告状"，即告密，进而引导学生如何根据学习生活中的具体情况，谨慎选择自己的行为。是否积极地解决问题和友善地帮助同学，是指导行为选择的标尺，是对告状行为进行自我判断的依据，这既是一种生活能力，也是一种行为修养。当学生懂得了这些并贯彻于日常行动中，"向真向善向美"的种子就种在了心田。

教师如何应对和引导学生的告状行为，不仅对学生个体成长十分必要，对社会道德生态的建设也会产生深远影响。教师如果能认识到这一点，就应责无旁贷地认认真真对待学生的告状行为，既做出积极科学的引导，又做出正确的榜样和示范。毕竟，小学生告状行为，同时受到心理和生理发展、社会文化环境以及成人教育方式等多种因素的影响，不是简简单单就可以厘清是非，走上我们期待的正途的。

引导儿童进行积极的情绪管理

有一个男孩脾气很坏，于是他的父亲就给了他一袋钉子，并且告诉他，每当他发脾气的时候就钉一根钉子在后院的围篱上。第一天，这个男孩钉下了40根钉子。慢慢地，每天钉下的数量减少了。他发现控制自己的脾气要比钉下那些钉子来得容易些。终于有一天，这个男孩再也不会失去耐性乱发脾气。他告诉父亲这件事，父亲建议他，现在开始每当他能控制自己的脾气的时候，就拔出一根钉子。一天天过去了，最后男孩告诉他的父亲，他终于把所有钉子都拔出来了。父亲牵着他的手来到后院，指着围篱上留下的钉孔说："你做得很好，我的好孩子。但是看看那些围篱上的洞，这些围篱将永远不能恢复成从前的样子。你生气的时候说的话，也会像这些钉子一样留下疤痕啊！"男孩终于懂得了情绪管理的重要性。

儿童无论是在心智发展还是情绪管理上，都处在一个不断探索和试错的年龄阶段，离开了成人的引导，心智发展会滞缓，情绪管理的能力难以习得。故事中的父亲如果对儿子的坏脾气听之任之，而不运用具体的策略，精心引导儿子认识情绪管理的重要性，儿子就不会有意识地学习情绪管理。实际上，小学生学会积极的情绪管理，需要教师，尤其是教师有计划、有策略地进行引导，甚至要精心设计和实施情绪管理课程。

一、情绪与情绪管理的概念认知及情绪管理的重要性

作为教师，首先要懂得什么是情绪和情绪管理。一说到情绪，我们脑海中

马上会出现表示具体情绪的词语，如激动与平静、欣喜与愤怒、开怀与沮丧等，甚至会在眼前浮现某人出现某种具体情绪时的样子。那么，心理学上是怎样给情绪下定义的呢？关于情绪的定义，有多种表述，基本可以表述为：情绪是指伴随着认知和意识过程产生的对外界事物的态度，是对客观事物和主体需求之间关系的反应，是以个体的愿望和需要为中介的一种心理活动。尽管对情绪有多种各不相同的定义，但都承认情绪是由以下三种成分组成的：

第一，情绪涉及身体的变化，既有看不见的内部变化，如心跳加快，又有看得见的外部表现，如肢体动作、面部表情等，这些变化都是情绪的表达形式；第二，情绪涉及有意识的体验，即任何情绪都不是无意识的，情绪主体对具体情绪的体验是真切的、鲜明的；第三，情绪包含了认知的成分，涉及对外界事物的评价进而形成相应的态度。第一种成分告诉我们情绪需要管理，因为它会给身体和心理带来一定的后果；第二和第三种成分告诉我们情绪管理是可行的，是有章法可循的。

什么是情绪管理呢？情绪管理是指通过研究个体和群体对自身情绪和他人情绪的认识、协调、引导、互动和控制，充分挖掘和培植个体和群体的情绪智商、培养驾驭情绪的能力，从而确保个体和群体保持良好的情绪状态，并由此产生良好的管理效果。这个名词最先由因《情商》一书而成名的丹尼尔·戈尔曼提出，他认为这是一种善于掌握自我，善于调节情绪，对生活中矛盾和事件引起的反应能进行及时性的辨识和调控，能以乐观的态度、幽默的情趣及时地缓解紧张的心理状态。丹尼尔·戈尔曼认为情绪智力主要体现在五个方面：认识自身情绪的能力、妥善管理自身情绪的能力、自我激励的能力、认识他人情绪的能力和积极的人际关系管理的能力。

良好的情绪管理的本质，就是在情境需要的时候能够调动起此刻真正有利于把握事态的情绪。情绪有突发性的特点，虽包含着认知的成分，但大多是感性的产物，出自自我保护的本能，却有时会置自身于不利的境地；进行情绪管理，就是让理性及时参与进来，对情绪做出判断和调节，以利于真正的自我保护并积极地面对和解决遇到的具体问题。一个善于进行情绪管理的人，遇事冷静，心态积极，能够主动地与人沟通，寻求合理解决问题的办法，保持与他人的和谐关系，收获更多积极的情绪体验和成功的喜悦。

二、如何引导儿童进行积极的情绪管理

1. 根据不同年龄段儿童的心理特征，精心设计和实施情绪管理课程

由于心智发展处在不成熟的阶段，小学生对情绪缺乏理性认知，没有成人引导的情况下，大多缺乏情绪管理的自觉，更欠缺情绪管理的基本能力。一个儿童，如果不会控制自己的情绪，无论是积极的还是消极的，都会影响自己的成长和人际关系。笔者遇见一个三年级的小女孩，大多数时候积极乐观，与伙伴、同学打成一片，一旦遇见不顺心的事，尤其是与伙伴、同学发生小矛盾，就会歇斯底里地哭喊，弄得别人不知所措，哭喊累了，自己还会沮丧半天。这样的情况出现的次数多了，就有伙伴、同学开始躲着她了。但是，她弄不清这是为什么，更不知道如何改变这种状况。这个时候，她需要的就是有人让她认识情绪并帮她学会积极的情绪管理。

儿童情感认知发展理论认为，情感发展取决于人的生物发展、认知发展以及社会发展，并与之相适应。2—7 岁的儿童是情绪辨识和认知从萌芽到完善的阶段，这个阶段的儿童普遍缺乏情绪管理的意识，也很难通过成人引导培养情绪管理的自觉。7—11 岁的儿童不仅能够辨识自身和他人的情绪，而且在情绪体验中开始感受到情绪管理的价值，并能在成人引导下学习进行情绪管理。这个阶段情绪管理能力培养和发展的效果，受自我意识发展的影响比较明显。保罗·哈里斯在《儿童与情绪》中指出："和5—6 岁的儿童不同，8 岁以上的儿童经常会提及应该停止思考或者忘记不愉快的事情。""请 6 岁、9 岁

和 12 岁的儿童回忆各种充满压力的情况并解释他们做了什么来'帮助或取得情况进展'。与年幼的儿童相比，较年长的儿童更可能提到针对情绪本身的策略。"书中的研究结果与笔者多年观察到的结论基本是一致的，但在目前社会情境下，中国很多 8—10 岁儿童的情绪管理并不简单与情绪认知的程度相对应，而是明显受到"自我中心"的影响。

从认识和辨识情绪，到有意识地控制、调节情绪，小学生情绪认知和管理的学习，需要经历一个循序渐进的过程，教师或家长要充分考虑儿童的认知发展规律和不同时期的自我管理能力。作为教师，结合儿童的实际和需要，精心设计和实施情绪管理课程，十分必要。

低年级的儿童，年龄 6 到 8 岁，这时候需要建立起对情绪的基本认知，能够辨识不同情绪的表现形式和带来的直观后果。针对低年级儿童的认知特点，陪伴他们一起阅读情绪认知和管理的绘本，是必要的选择。这类绘本有很多，如《我的情绪小怪兽》《生气汤》《讨厌黑夜的席奶奶》等。在绘本阅读和交流的基础上，引导儿童联系生活情境认识自己和身边人的情绪，用绘画等方式表达情绪；教师和儿童一起在教室里创建情绪角，引导儿童有意识地尝试管理自己的情绪，尤其是像愤怒、沮丧等负面情绪。这个阶段的情绪管理，主要目的是让儿童不断从感性上强化情绪体验，同时感受情绪管理给自己带来的直观好处，帮助儿童通过管理情绪达到与同伴友好相处的目的。帮助学生建立良好的人际关系，教会学生积极沟通的方法和策略，是这个阶段教师需要进一步做扎实的工作。低年级的儿童，良好同伴关系的建立，如果没有教师的引导，大多凭直觉或偶然事件的影响，固定在两三个伙伴之间，具有比较鲜明的排他性。因此，他们在与其他同学交往时，由于缺乏安全感，极易触发消极情绪。所以，教师通过课程活动的设计，有意识地引导儿童与更多的同学建立良好的人际关系，会促使儿童克服戒备心理，避免交往时的消极情绪。教师还要积极创设生活情境或者适时利用儿童间真实发生的交往情境，教会他们积极沟通的方法和策略。例如，当需要时如何寻求同学的帮助，当发生争执时如何说清楚自己的想法，当不小心打扰到别人时如何积极解释请求原谅等。这一切，都要课程化，要让其成为低年级教室里课程生活的重要组成部分，保证对儿童情绪认知和管理的引导有的放矢，防患于未然。

到了中年级，儿童8至10岁，自我中心意识更加强烈，却同时有了主动探索同伴关系、与身边成人关系的愿望，这个时候，并不因为有了低年级的情绪认知和管理的初步经验，而拥有了必要的情绪管理能力。相反，这个时候的儿童，有可能会更加情绪化。如果这时候依然通过直观具象的方式强化儿童的情绪认知，无疑是做重复的无用功；诸如"情绪角"一类的缓解、转移方式，也因为被儿童认为"幼稚"而失去了吸引力和帮助其提高情绪管理能力的作用。这个阶段，针对不同个体的引导往往比统一的情绪认知和管理课程更加重要。结合儿童正在经历的情绪危机，通过有计划地强化情绪体验，引导情绪反思，达到提高儿童情绪管理能力之目的，是最适切的选择。

例如，前面提到的小女孩，我观察、了解到她是因为情绪管理意识和能力的不足，导致了她被情绪左右，同时缺乏情绪反思的能力，显得脆弱而无助。长期下去，对她的性格和人格的发展，都是有百害而无一利的。当她再一次在教室里出现同样状况时，我让无意间招惹她的同学向她道个歉，就不要再打扰她。等她心情渐渐平息下来，我利用课间时间，邀请她出去走走。她知道自己刚才的表现很不好，有点不好意思地冲我笑笑，走出教室后小声跟我说："老师，我知道那样不对，可是……"她的话表明，她对情绪是有一定认知的，而且知道情绪需要控制。我冲她笑笑，说："我明白，没关系，小孩子都会遇到这种情况。"然后，我让她回忆自己刚才激动、愤怒时带来的心理感受，分析一下旁边同学会有怎样的体会和看法，再想一想有没有更好的方式面对刚才的事情，如果控制了情绪，调整了心态，事情会是什么结果。聊天内容既紧密联系小女孩遇到的事件情境，又充分考虑情绪所包含的三种成分，即回顾自己当时的身体变化、心理体验，分析判断自己情绪中对自己和对方的态度等。这么聊下来后，小女孩经历了情绪的重新体验和反思，最后开心地跟我说："谢谢老师，我下次一定会管理好情绪的。"果然，再一次和同学产生矛盾时，她没有激动，更没有哭闹，而是先在座位上安静地坐了一会儿，然后像没发生什么事情一样，主动找闹矛盾的同学玩了。事后她还蹦蹦跳跳地跟我说："老师，我今天没有哭闹哦。"

等到班级里有几个孩子通过这种方式慢慢学会了情绪管理之后，再在成长课上一起聊情绪管理的好处、方法和策略，往往就会水到渠成。交流时，让因为学会了情绪管理而受益的同伴现身说法，再共同协商将情绪管理作为成长的一个重要目标，大多数学生的情绪管理自觉意识得到了提高，情绪管理的能力也明显有了进步。在引导学生在生活中积极主动地进行情绪管理的同时，还要帮助他们探索合适的、积极的沟通方式和策略。良好的人际沟通体验与情绪管理能力的提升，往往是相辅相成的。

如果在这个阶段，在整本书阅读中渗透情绪管理的目标，是很适合儿童需求的。例如，《特别的女生萨哈拉》《一百条裙子》等。另一种课程方式是结合戏剧课程，进行角色表演和体验，帮助学生在戏剧情境中体验具体情绪的不同表现形式和在人际交往、自我成长上的不同作用和影响。

有了中年级持续不断的情绪管理引导和体验，到了高年级，大多数儿童就拥有了较强的情绪管理能力，需要进一步跟进的是，引导他们有意识地探索多样的积极沟通方式，在流畅的人际沟通中体验友好交往带来的成就感和幸福感。

2. 在与儿童交往的过程中，教师要做儿童情绪管理的榜样

儿童在七八岁的时候，很多与人交往的态度和方式，应对矛盾和交往危机的反应策略，都是通过"有样学样"的方式习得的。情绪具有感染性，尤其容易习得。情绪往往伴随着一定的对人对事的态度，对一个人的成长具有深刻的影响，无论是积极情绪还是消极情绪，都需要理性适时参与进来进行管理，才能收获令自己和同伴感到舒服的结果。因此，成人在情绪管理上的榜样作用，

对于儿童的成长，尤为重要。

强调情绪管理的榜样作用，还因为教室里的课程，如果仅仅限于儿童的同伴相处，或者仅仅限于学校环境，课程的作用就会大打折扣。所以，需要做出榜样的不仅仅是教师。教师还要针对具体儿童的情况，有策略地引导家长积极成为情绪管理的好榜样。笔者曾经遇到一个三年级的男孩，情绪易冲动。经过一段时间的引导，虽然每次冷静下来后，能通过回忆对自己的情绪管理有积极反思，也努力学习控制自己的情绪，但效果不明显。后来了解到，男孩的妈妈在生活中就从没有情绪管理意识，几乎每天都会因为琐事对男孩或其他家人大吼大叫，甚至动手摔东西、侵犯别人身体。我抓住一次机会，与男孩妈妈真诚地探讨了孩子的情绪管理问题，男孩妈妈意识到了自己负面榜样的危险性，下定决心控制自己的情绪。一学期后，男孩情绪管理意识强了，能力明显提高了，和同学的交往和谐了。

教育是一件复杂的事情，一个班级里，学生每天会有许许多多状况呈现在教师面前，有时会让教师应接不暇。所以，每天每时每刻都是考验教师情绪管理的时候。早上走进教室，你是否阳光灿烂地与学生们打招呼，迎接每一个走进教室的儿童；学生上课溜号，作业没有认真完成，你能否心平气和地提醒他们，真诚地倾听他们的理由；学生屡屡犯同样的错误，你能否设身处地地理解他的行为，并耐心地给予帮助……而更重要的，是面对学生间突发的冲突，教师会以怎样的情绪状态介入或应对。

控制音量，是教师情绪管理的积极表现之一。课堂上有学生不遵守纪律，或者课下因为微不足道的小事闹矛盾，教师气急败坏的表现首先是声调的提高，语气里的愤怒。如果教师经常这样，学生就会以为自己遇到类似情境，也是可以如此表现情绪的。反之，亦然。

不分青红皂白，只要学生情绪管理出现问题导致冲突，教师就先批评一通，再进行一通说教，方式显得简单粗暴，同样是在向学生传递负面情绪，给学生情绪管理做出了负面榜样。

教师情绪管理的榜样，日常中多是润物细无声的潜移默化，但有意高调做出的榜样，也十分必要。例如，告诉儿童自己为什么面对他们的错误、顽皮等不发脾气，为什么遇事不急不躁，甚至可以让学生想象一下，老师发脾气能不能很好地解决问题。曾有学生主动问过我这样的问题，原因是以前的老师遇到类似的情况会生气。我就请他们回忆一下，老师的生气有没有帮助他们学会控制情绪、解决问题。他们想了想，明白了老师不生气，才是最好的选择。

教师要让儿童从自己身上看见，善于积极进行情绪管理的人，让别人感觉更富有智慧，更优雅。这样，学生会因为喜欢老师，而更加积极地以老师为榜样。

当教师发现班级里大多数儿童在自己的引导和示范下，情绪管理的自觉性和能力都有了明显提升，个别学生却出现反复或情绪管理没有任何改善，就要深入了解儿童所处的家庭环境。如果发现问题出在家长身上，教师要有策略地引导家长积极进行情绪管理，为儿童做好榜样。我曾遇到过一个男孩，聪明伶俐，却常常被负面情绪左右，每天激动、沮丧、发脾气频繁发生，无论是情绪管理课程，还是聊天引导，树立榜样，对他都没有效果。了解到他的表现基本就是妈妈的样子的翻版，我将他的爸爸妈妈请来，以孩子的成长为中心展开真诚的探讨，家长意识到了自身的问题，决心努力改变。后来，家长转变了，孩子的情绪管理的自觉性和能力很快有了质的转变。

情绪管理能力往往会影响一个人对生活的态度，甚至会直接影响一个人的人生幸福，关注儿童的成长，一定要用心用情用专业为儿童上好情绪管理这一课。

课桌上的那盆花

"你们教室真美，像花园一样。"有老师走进我们教室，忍不住这样夸赞，因为每个孩子的课桌上，都盛开着一盆花儿，尤其是春天的时候。

我很喜欢"花园"这个比喻。这不仅因为花园可以让人联想到鲜花盛开的美丽景象，更因为对于人的发展和教育而言，花园是一个内蕴丰富而深刻的隐喻。斯坦福大学教授罗伯特·波格·哈里森著有《花园：谈人之为人》一书。他在书中从夏娃的伊甸园谈到柏拉图的学园、伊壁鸠鲁的花园学校，再谈到各种园林，然后探讨了人类是应该像园丁一样对生命充满忧思和关怀还是一味追逐虚幻的伊甸园这一母题。书中反复探讨园丁与花园的关系，从而揭示：园艺是一个教育过程，它意味着潜入自然演化历程的深处，追回生命浩然初放于地球的一刻，在那一原始的氛围中流连。它启示我们，生命的成长自身得付出多大的努力，教育者就应该拥有怎样的同理心；作为教育者，你给予教育的或给予学生的，必得超出你希望索取的，教育才显现出它的美来。

虽然我最初让孩子们都在课桌上养一盆属于自己的花儿，并非受到《花园：谈人之为人》的启发，但当我逐渐发现那盆花的魅力且与《花园：谈人之为人》不期而遇时，我便钟爱上了课桌上的那一盆花。

第一次请孩子们在自己的课桌上养一盆花，是缘于母语主题课程"一花一世界"的需要。春天到来的时候，以林清玄的《百合花开》为基地文本的多维拓展式母语主题课程"一花一世界"拉开了帷幕：每个人在课桌上养一盆自己喜欢的花。孩子们很兴奋很期待，让春天在自己的课桌上绽放，想想就是一件富有诗意的事情。不管男生女生，都迫不及待地行动了起来，第一周布置，第二周每个人的课桌上都有了一盆花——或者绿植。教室里一下子变成了真正的花园。这种以创设学生需要的境遇为基础的、开放式的、多学科融合的母语课程，重视学生最真切的生活和学习体验，这种体验本身就包含了对自己所身处世界的积极探索，对意义的追寻。当那盆花安顿在自己的课桌上，孩子们就与它建立起了特殊的联系，"驯服"花儿的责任就从心底慢慢地生长出来了。故事也开始萌芽了。

还记得那一张张精心制作的、贴在花盆上的标签，记得孩子们对自己花儿无微不至的呵护，记得他们被花儿牵动的喜怒哀乐，记得他们从和花儿的相处中悟得的、然后诉诸笔端的情与理……只可惜当时一心关注的是孩子们这份经历对主题课程实施的境遇价值，后来把注意力都集中在了文本的阅读和表达的实践上，科学、艺术和哲学维度的学习活动都成了母语学习的辅助和背景。课程的评价除了关注语言和思维的发展，的确也涉及了对生命价值的探索和思考，但始终忽视了那一盆花对孩子们行为习惯、精神成长带来的直接而深刻的影响。

接手新班级的第二学期，期初领着这些三年级的孩子们到阳光农场种下了属于自己的黄瓜种子。孩子们每周去一次农场，对自己那株黄瓜的牵挂却是无时无刻的，黄瓜苗的点滴变化都会给他们带来惊喜或担忧。这一学期里，孩子们心中印象最深刻的大概就是"也傍桑阴学种瓜"的这段经历和体验了。也正是在这一学年里，我花了很长一段时间，认认真真读完了《花园：谈人之为人》，突然意识到，当初孩子们在课桌上养一盆花的经历和陪伴黄瓜苗成长的过程，还蕴含着更丰富的教育和成长的意义。

转眼到了四年级的春天，与其说是源于对学种瓜的那段时光的怀念，不如说更是源于对成长课程的新期待，我又号召孩子们在自己的课桌上养一盆自己喜欢的花。

一向不喜欢把这种带有诗意情怀的教室生活创造，变成统一的、命令式的要求，所以，在号召孩子们带一盆花养在课桌上时，我用的是煽情式的"引诱"和树立榜样的策略。当那些自我定位为粗枝大叶的孩子提出可不可以带多肉植物时，我用语言来分别描述鲜花盛开的灿烂妖娆和不开花的多肉的落寞。功夫不负有心人，很快，大部分孩子的课桌上都有了一盆花。花儿的品种还真不少，有栀子花、长寿花、太阳花、吊兰……还有我说不出名字的。这些花儿有的还没打苞，有的刚长出花苞，有的含苞待放，有的已经盛开了。教室四周的架子上、台面上有很多翠绿欲滴的绿萝，再加上课桌上颜色姿态丰富的各种花儿，教室果然成了一座小花园。

我所期待的，是每个孩子都能因为那盆花，成为"充满忧思和关怀的园丁"。

孩子们可能对其他处的花开花谢无动于衷，对自己的花儿却关怀备至，花儿的每一点变化都会牵动着他们的心。这是责任的萌芽和自然生长。早上走进教室，第一眼关注的可能就是自己的花儿，做的第一件事可能就是为花儿浇水，或者把它捧到窗台上沐浴阳光。他们会为一朵花的盛开欣喜，也会为一朵花的凋零忧伤。一次，一个小女孩发现自己那株正在盛开的太阳花有两朵从枝头落下了，猜想会不会是谁伤害了它们，竟委屈和伤心得哇地大哭起来，直到听说同学的太阳花也有这样凋落的，并没有人去碰它们，才慢慢止住了哭泣。她睁着泪眼，捧着花儿，仔细端详着，心中一定在询问它："你的花儿为什么会在开得很精神的时候凋落呢？"周五放学的时候，一个小男孩用袋子装好自己的花儿，告诉我说："我的花需要每天浇水，我把它带回家，下周一再带来。"

不久，我还注意到，那些摆着一盆花儿的桌面，大多被收拾得十分整洁，书本、文具摆放有序。我想，也许是因为每天面对着美丽的鲜花，孩子们心中慢慢生长出对美的热爱，就自然而然地要将自己的课桌也收拾得整洁美观吧。要不然，为什么养花儿之前，虽然我常常念叨，他们中的多数人总也养不成收拾课桌的习惯呢？而少数几个一直没有在课桌上养盆花的孩子，课桌无时无刻不是杂乱无章的，桌肚里也像垃圾堆一样。有了这么多盆花，教室成了一座花园，但只有那些拥有自己花儿的孩子，才培育出一颗园丁的心来，他们在"耕作土壤"的时候养育了自己的心灵。

有的孩子已经换了一盆花，或者因为第一盆花渐渐枯萎了，或者是渐渐发现第一盆花不是自己心中喜爱的样子。不管是什么原因，他们对养好一盆花没有失去信心，还在与花儿的相处中，有过心灵的对话，体验过生命的脆弱与顽强，尝试过对比和选择……

我希望每一个孩子，都能在自己的课桌上养一盆花。

教育策略运用要创造儿童成长的积极体验

"比惩罚更重要的，是让孩子学会为自己的行为负责。"这句话，如今大家耳熟能详，甚至都在争相言说、相互提醒或据此进行自我反思。为自己的行为负责，就是培养责任心，有了责任心，就能成长为有担当的人。这既是个人成长的美好愿景，也是社会发展的需要。据此，我们是否应该想到，培养学生的责任心如此重要，教师的一言一行是否都应该成为学生心目中责任担当的楷模呢？答案是肯定的。在具体的教育生活中，教师会运用一些具体的教育策略来引导儿童的成长，那么，审慎运用教育策略，就是教师责任担当意识的一种具体体现。

一、教育策略的运用要做到以儿童为本

教育指向每一个具体人的成长，从这个意义上说，学生本身是教育的唯一目的，别无其他。无论运用何种具体的教育策略，目的都是为了通过解决实际问题，促进学生的成长。以儿童为本，是教育策略运用的核心原则。

以儿童为本，也就是要求教师要始终拥有正确的儿童（学生）立场。什么是正确的儿童立场？如何拥有正确的儿童立场？儿童立场并非一个情怀概念，而是一个严谨科学的教育认知概念，是教育行动的重要依据。儿童不是孤立的存在，更非诗意的想象。教育语境中的儿童内涵十分丰富，既是具有独立意义和价值的生命，又是离不开环境影响的社会人；既是经历着自身不断变

化的个体，又与群体一起处在各种控制之中；既是独一无二的，又是需要融入规则和社群的……儿童立场不是静止不变的招牌，不应该是先验存在的某种既定的立场，它首先是作为体现在教育者具体行动中的、与儿童相处所秉持的理念，其次是一种在不断研究和实践中服务于儿童成长的行动方式。因为儿童是处在不断变化中的，教育者必须承认自己对儿童理解的局限性。童年的丰富性、发展性和具体儿童的复杂性决定了教育者必须是童年和儿童的持续研究者，要不断发现新问题并分析问题产生的新情境，探索新的解决办法和路径。从这个意义上来讲，教师需要的不是已经被过去情境验证过的儿童立场，而是要在与儿童的相处中，为了理解儿童并携手儿童的成长，不断建构的儿童立场。简单地说，就是教育者需要不断协商的儿童立场。唯有如此，教育者才能声称自己的行动是以人为本的。上述案例中，教师的行动是缺乏儿童立场的，没有做到以儿童为本，鲜明的表现是没有考虑儿童在具体情境中最真实的体验。

真正的儿童立场，还要考虑不同儿童之所以会是此在状态的多维度缘由。例如，我们都强调学生认真完成作业是对自己负责任的表现，所以会十分重视学生在作业完成时的态度。但是，不同的学生，没有认真完成作业——缺乏责任意识的原因是不一样的，有的是原生家庭中的重要成员给了他负面的榜样，有的是缺乏方法的引导，有的是产生了心理障碍……教师就要深入了解和研究具体儿童的具体情况，再分别选择合适的教育策略给予帮助。否则，无论是加强家校沟通还是批评说教，抑或是树立榜样，因为没有区别具体情况，教育策略的运用就不可能达到期待的效果。

以儿童为本，还要注意具体教育策略的运用，重点应关注的不是显性的结果，而应是儿童真实的体验过程。学生在教育活动的过程中经历了什么，体验到了什么，对其成长的影响才是最真切的，并且有可能与即时的教育效果是不一致的，教师要学会辨析，学会等待。

二、教育策略的运用要做到整体考量

很多教师运用具体的教育策略，往往只考虑面临的具体问题，以解决眼前的单一问题为唯一目标。这样的教育策略运用效果可能会立竿见影，却无法深入心灵，影响深远，更很难让儿童学会举一反三，融会贯通，形成做人处世的方法和能力。

举个很多教师都可能遇到过的例子。即使班规或班约上的要求具体而清晰，要养成讲卫生的习惯，并非对于每一个学生都是一件容易的事。最常见的，就是有学生经常会无意识地将纸屑等丢在自己课桌周围，却视而不见。一旦教师提出批评，又会出现将自己身边纸屑悄悄踢到别人桌椅下的行为。这样一来，从无心扔了纸屑到"嫁祸"他人，犯的错误在教师眼里更严重了。此时，教师就会愈加重视，迫切希望能运用有效的教育策略，引导学生认识到这种行为的严重性，努力激发和培养学生的责任意识。有这样一位教师，遇到上面的情况后，为了尽快达到预想的教育目的，精心设计了一个"圈套"：一次上课前，他授意卫生委员拿了一袋子纸片，随意地丢在同学们的脚下。同学们当然不干了，纷纷对卫生委员的行为表达不满和抨击，甚至对着他大声嚷嚷。教师这时候出马了，让学生安静下来，再请他们把自己脚下的废纸扔到垃圾桶里，之后随机采访了大家对卫生委员这种行为的看法，接着告诉大家，这是他让卫生委员这么干的，目的是想让大家明白一个道理：己所不欲，勿施于人。以前大家自己这么做，就没有想到别人也会像自己现在一样感到委屈和气愤，所以，这次应该明白了每个人一定要为自己的行为负责任，不管事情大小。

上面的卫生事件的"请君入瓮"，即使会有看得见的教育效果出现，也只能限于教室卫生这一件具体的事情上，甚至只能限于不再"嫁祸"他人。这样的教育策略，琐碎，低效，算不上富有教育智慧的教育策略。

教师应将具体的教育策略放入班级管理和学生成长的总体目标诉求中来考虑，使其成为实现目标的实践措施中的有机组成部分。例如，现今很多学生出于各方面原因，没有情绪管理的概念，行为容易被负面情绪左右。很多教师都是在遇到具体情况时，才分析具体学生的表现，选择自认为具有针对性的教育策略来解决当前的问题。这样，既不能从根本上帮助具体学生学会管理情绪，更不会对班级所有孩子的情绪管理能力的提高有帮助。教师要意识到，教育策略的选择和运用，要将解决眼前问题的小目标与促进学生在某个方面成长发展的大目标结合起来考虑。选择什么样的教育策略，才能既解决当前因为情绪冲动导致的具体问题，又能触及问题的本质，提高学生的情绪认知水平，引导学生学会进行积极的情绪管理，这才是需要教师做足功夫的。同样，"卫生事件"中，教育策略的选择也要从整体上考虑，引导学生以后能在类似的事情中做出正确判断，采取正确的行为，成长为有责任心的人。

儿童成长中的问题是具体的，但具体的问题并不是孤立存在的，有时一类问题背后的原因和成长需求是一致的。教育策略的运用就要考虑学生问题的联系性，遵循一定的规律性，才能保证教育行动的合理性和教育效果的最大化。

三、教育策略的运用要做到为长远计

教师要认识到，任何教育方法、策略和原则的运用，都不一定会收到立竿见影、百分之百、一劳永逸的效果，除了需要耐心等待，还需要根据不同班级和学生的具体情况，及时调整方法、策略。这也同时提醒教师，教育策略的运用，从一开始就应该做到既考虑眼前目的，又要为长远计，考虑对儿童成长发展的长远影响。

以卫生事件为例，眼前的问题可能得到了暂时性解决，从长远考虑，却会带来一些负面影响，比如学生会以为，只要能解决问题，可以不考虑方式方法是否对其他人公平公正。还有可能，学生不知道今后教师是否还会"请君入瓮"，对教师不再信任，严重的会导致学生不再信任担任教导角色的其他成人。从长远计，就是要在教育策略运用之前，要对其做出全面性的评估，明确其积极性和潜在的风险性，避免急功近利，顾此失彼。

再例如，面对学生之间的"小团体"现象，教师怀着紧张的心理，采取批评的态度，甚至不惜充当挑拨者的角色来瓦解"小团体"，而非引导"小团体"如何发展为开放性的、积极的团队，从学生长远发展需要来看，其结果往往得不偿失。

认识到行为习惯和道德品质的养成并非一蹴而就的事，为长远计的教育策略运用，如果确认是合理有效的，还要一以贯之地运用。例如，引导儿童运用和平协商的策略解决彼此间的分歧或矛盾，为的是促进儿童能用积极的态度设身处地地理解对方，养成讲理的习惯，形成包容的态度。教育者只有经常引导儿童这么做，甚至使其成为班级文化的一部分，才能慢慢沉淀为儿童的习惯和品格。

四、教育策略的运用要做到理解透彻

教育活动有很多规律可循，例如儿童心理发展的一般规律，习惯养成的一般规律等；教育策略也有许多前人总结出来的成熟经验，如因材施教，在体验中进行道德认知并养成具体的道德品质等。写在书上的规律和经验，要合理运用到现实教育情境当中，还需要一个理解和批判吸收的过程，否则就有可能因为理解偏差而运用不当。

"我们不能为了惩罚孩子而惩罚孩子，应当使他们觉得这些惩罚正是他们不良行为的自然后果。"这句话出自卢梭的《爱弥儿》第二卷，他举例说，我们"绝不要仅仅因为他们撒谎而处罚他们，而要使他们明白，如果撒谎，则谎言的种种不良后果都要落在他们的头上，例如，即使说的是真话，也没有人相信；即使没有做什么事情，也要被别人不由分辩地指责说干了坏事。"学生将自己身边的纸屑踢到别人的桌椅下，也可以看作是一种撒谎行为。卢梭认为，孩子犯下了诸于撒谎这样的错误，造成了一定的损失，成人不必给予额外的惩罚，而要让他自己去承受这种错误所引起的"自然后果"。通过体验过失行为所招致的种种不愉快甚至痛苦，孩子自然会深刻认识到所犯错误的严重后果，进而改变态度、纠正错误。这种做法所遵循的就是"自然惩罚法则"。有的教师会认为，上面的教师"请君入瓮"，运用的就是"自然惩罚法则"，目的是让学生自己通过捡纸屑和负面的情绪体验去承受曾经的错误引起的"自然后果"。这是错误地套用"自然惩罚法则"，学生在教师导演的情境中，并非在真实地承担"自己错误行为"带来的"自然后果"。如果学生因为乱扔纸屑，被老师同学批评或者为了纠正错误不得不将纸屑一片片捡起来，又或者导致教室环境卫生受到学校批评而被同学指责，如此等等，才是承担了不良行为的"自然后果"。然后，他就有可能会进行自我反思，吸取教训，不再犯错。责任心也就慢慢生长出来，担当意识也就有了萌芽。假如教师在让卫生委员扔完纸屑后，与卫生委员一起认认真真地将纸屑一片片捡起来，然后告诉学生自己和卫生委员为什么要捡，这可以看作"自然惩罚"的现场演示。

同样，"赏识教育"如果作为一种教育策略来运用，也不能简单地理解为想方设法找出学生身上的优点，故意忽视或轻易原谅学生的缺点和错误。否则，学生在受到正面鼓舞的同时，不仅缺点得不到改正，还有可能变得自负或者自恋。

身为教育者，要有教育自信，但也要避免盲目自信，要积极用专业素养来充实自己，这样才能在发现新问题、解决新问题的实践中，不断提升自己的专业能力和实践智慧，审慎合理地运用教育策略，把教育工作做得更加扎实，更加有效。

到最后，孩子模仿的是你的行为

一、老师，您为什么不发脾气呢

一天，班上一个同学问我："老师，您为什么不发脾气呢？"

"你觉得什么时候老师应该发脾气呢？"我没有直接回答她的问题。

"比如说同学们闹的时候，还有有些人吵架的时候……"她边想边慢慢地说着。

我微笑着，注视着她，等她说完了，我再问："你觉得我发脾气了，问题就解决了，大家就都变乖了，变优秀了，都会自我管理了吗？"

"不会！"这次她毫不犹豫地回答。

我这时想到了另一个问题：这孩子为什么问这个问题，是不是以前的老师经常发脾气？于是我接着跟她聊："你怎么突然想到这个问题了呢？"

果然，她告诉我，我跟以前的老师不一样。以前的老师喜欢发脾气，还扔学生的书包，大声地呵斥调皮的孩子。

"那么，调皮的孩子是不是不再调皮了？"我是明知故问。我接手之前，这个班被定位为问题严重的班。我接手之后，果然发现班上有不少令人头疼的小家伙。同时我也了解到，以前的老师为这些孩子付出了不少，受过不少委屈，仅仅是因为她们刚刚入职，经验不足，方法不当，才在班级管理上不见成效而已。我从年轻教师写给孩子们的评语中看到，她对每个孩子都是十分用心的，因为她很了解每个孩子的性格特点——据我现在所知，判断很准确，了解很透彻。

遗憾的是，年轻的老师和孩子、家长打交道的方式方法有所欠缺，尤其是不会控制自己的情绪，正如这个小女孩所说的"喜欢发脾气"——"喜欢"是孩子们的感受和看法，我想，没有人会"喜欢"发脾气，只是没有找到比发脾气更好的态度和方法；同时我们也应该看到，经常用简单粗暴地发脾气来面对孩子们的问题，这样的老师很容易在孩子们眼里给自己贴上负面的标签。

教师经常发脾气，后果是十分严重的。小学生的成长主要受三个方面的影响：家长、同伴和老师。教师与孩子们相处过程中的一言一行都会成为孩子们学习的榜样，教师经常发脾气不仅不能积极解决问题，还会让孩子们以为发脾气是面对问题的一种正确方法。我接手这个班之初，很多孩子面对别人的错误，大多会怒吼或扔东西，这有部分家长的影子，也有曾经教师的影子。发脾气是冲动的、不冷静的表现，带着这样的情绪就不会倾听学生的心声，就不能准确分析和判断学生之间事情的来龙去脉，更不能找到正确的解决方法。教师解决事情的方式方法会被学生当成故事讲给家长听，家长就会觉得教师很无能，就会失去对教师的信任，家校的沟通和合作就会受到影响。再者，这也将成为教师专业成长过程中的一个拦路虎，由此造成的工作困境会使教师丧失信心，迷失方向。

当孩子们发现，发脾气果然不能解决问题且让双方都很受伤后，不仅佩服和亲近我这个不发脾气的老师，而且也开始主动学习控制自己的情绪。一次，一个学生乐滋滋地跑过来："老师，你没发现我进步了吗？"接着她告诉我，今天和同学闹矛盾，她没有发脾气，甚至连一点小情绪也没要，结果问题很快解决了，她觉得很有成就感。这才是我们想要的。

二、老师，您为什么发脾气了呢

当叫彤的女孩气呼呼地冲到柜子边，打算收拾书包出教室时，我阴沉着脸，低沉地命令道："放下！你是不是觉得自己受委屈了？平时黏着老师，觉得老师很信任你，你就可以胡来了？"刚才还气鼓鼓的彤，马上换了一副伤心失落的面孔，眼泪啪嗒啪嗒往下掉。我没打算在她的眼泪面前表现出同情心："站到我的办公桌旁边去，自己好好想一想到底哪儿做的不对，想明白了就来找我说说！"我的语气依然很严厉，彤把书包放回柜子，流着眼泪往教室后面挪。

此时此刻全班孩子都望着我，眼里写着不可思议，他们第一次见我这么发脾气，谁也不吭声。事情是这样的，自从和孩子们商定每天进行"自我管理之星"评定以来，根据管理规则，这天第一次在联系卡上出现了被点名提醒的三个学生名字，彤是其中之一。为什么会被点名提醒，我已经告诉了他们。个性鲜明的彤一直以为管理规则只是老师逗逗同学们而已，一向呵护着他们的两位老师不会真的在联系卡上点名批评。今天发现自己不是作为"自我管理之星"上了联系卡，而是因为在很多事情上没有做好自我管理被警告，觉得很伤自尊，一拿到联系卡，就将它撕了，还接着耍起脾气来，大有收拾书包走人的架势。我先静静地看着，等她收拾书包时，有了前面的一幕。

彤静静地站着，眼泪还在流。我跟孩子们聊了起来，请另一个以前最顽劣的男孩说说自己今天被点名提醒的想法。这个最容易耍情绪的男孩站起来说："我要反思今天哪些方面做得不好，明天注意，争取明天上'自我管理之星'名单。"孩子们不约而同地为他鼓起掌来。彤还站在那儿，眼泪没有再流了。我们再聊了一会儿，发现彤慢慢举起手来……

放学的时候，彤已经把委屈抛到九霄云外，一脸轻松的笑。她和几个女孩一起聚到我身边，撒娇似地说："老师，您好凶！"我装出不知所云的样子："我凶吗？我怎么不知道！我只看见你好凶啊！"大家都笑了。一个女孩问我："老师，您不是说发脾气不好吗？您为什么发脾气了呢？"

"我发脾气了吗？我怎么没发现？发脾气会伤身体，我才没那么傻呢！发脾气就不能好好聊天了，你们看我刚才跟大家聊得怎么样？"我盯着她们，脸上一定写着"坏笑"。

一个女孩好像恍然大悟:"哦,我明白了,老师是故意的!"

的确,我是故意的,更准确地说,我是装出来的,装得很生气的样子。和孩子们相处,引导他们努力成为更好的自己,既需要和风细雨、润物无声,也需要烈日寒冰严格要求,只是什么情况下采取什么样的方式,教师要深思熟虑、胸有成竹。只有做到了深思熟虑、胸有成竹,才不会真的被情绪控制了心智,所以发脾气是在表明一种态度,而不是真的生气了。彤是一个很敏感且略有攻击倾向的女孩,缺乏对身边人尤其是老师的信任,却无比信任我和现在的数学老师,总是黏着我们。正是看到了这一点,这一次我才会装作十分生气的样子,目的是让她意识到,信任是相互的,呵护这份信任需要主动做出努力。果然,这次发脾气之后,彤每天都会努力以"自我管理之星"的标准要求自己,也更加黏着我们了。

三、老师,您没心没肺

当两个在体育游戏中闹矛盾的女孩大哭大闹着回到教室时,一群小家伙也冲到了我的面前,渲染着事情有多严重。两个女孩仍然处在十分激动的情绪中,边哭边相互指责,其中一个还不停地重复着:"我不想活了,我不想活了!"

我在她们身边静静地听了一会儿,冲身边的孩子们笑了笑,准备回自己的办公桌。这时,旁边几个孩子拦住了我,其中一个还指着我的鼻子大声说:"老师,您没心没肺,这时候了还笑!"

我依然笑着,没说话。

"还笑!还笑!"几个孩子一起指责我。

"怎么,你们觉得我这时候应该陪着她俩一块儿哭吗?"我还是微笑着。

"您没听见××在说什么吗?这可是要出人命的大事啊!"一个孩子嗓

门很大。

这时我收敛了笑容，故意一副严肃的神情，也大声说道："就是你们这群小家伙多事！人家只不过是有一点小事没想明白，需要哭一会儿罢了。她们那么聪明，难道自己不会处理这点小事？你们太小看人家了吧。"我说完回到办公桌做起自己的事情，小家伙们愣了一会儿，有的散了，有的过去安慰还在哭鼻子的两个女孩。一会儿，哭声歇了，再过一会儿，她们三五成群地一起去餐厅吃午餐了。

当我捧着餐盘应约来到餐厅陪她们就餐时，刚才哭喊着"不想活了"的女孩正有说有笑地和伙伴聊天呢。见我来了，她主动凑过来，不好意思地说："老师，我觉得刚才的自己真傻，就那么点儿事儿，一点儿都不好玩。"另一个哭鼻子的女孩也凑过来，挽住第一个女孩的手臂，真正是没心没肺的样子，一脸欢乐地说："老师，我们和好了！"

我不笑，装出不可思议的神情，吐出两个字："无聊！"

"老师，您懂不懂啊，人家是小孩子嘛！"她们一边撒娇一边拉我坐在身边。

我们边吃饭边聊天，其乐融融。趁她们心情愉悦，我说希望她们遇事要多想想自己哪儿做得不够好，还给出我的看法，"不想活了"这样的话是真正没心没肺的……

教师的情绪管理不仅仅是不随便发脾气，更重要的是遇到各种各样的问题，能沉着冷静，不急不躁。很多教师一遇上学生闹矛盾或者听到小报告，神经一下子就绷紧了，情绪紧张起来，马上就坐不住了，毫不犹豫地采取应急措施，第一时间介入。往往，在学生情绪激动的时候，靠老师的威严就算镇住了场面，却很难让学生真正做到冷静地反思自己的行为。除非事情严重到老师不立即干预后果就不堪设想的地步，还是看准时机适时介入才是最明智的选择。有时候，故意做一次"没心没肺"的教师，也不失为一种智慧。

四、思考

上面的三个故事，都是从正面反映教师情绪管理的案例。有正面的就有反面的。在现实工作中，我们见到好多教师每天都一脸严肃，一脸无奈，在学生面前难得有亲切的笑容，发脾气、紧张、冷漠式的淡定、控制……如此，说大了关乎对教育的热爱与否，对学生的理解与否，说实在点，就是会不会进行积极的情绪管理。

幸福的教师才能培育出幸福的学生来，这句话是至理。乐观积极的教师才能赢得学生的信任、尊重和喜爱，这也是至理。如果孔子一天到晚板着面孔批评子路、颜回诸弟子，早就被弟子炒鱿鱼了，哪里还能挣得拜师礼"束脩"。最近网上流传网友评教育者的一句话是：你嘴上说的再漂亮，到最后孩子都是在模仿你的行为。"说的漂亮"是远离教育现场的时候，"你的行为"才是发生在教育现场的。"教育的关键就是忘记教育，先修身，然后再谈别的。"这句话也包含了教师情绪管理的要求，说白了，情绪管理也是修身。

教师养成积极、平和、宽容的心态，能够悦纳自我、调节自我、反省自我，并在此基础上以积极阳光的面貌面对学生，影响学生，不仅仅是一种修养境界，也是一种专业智识，一种专业素养，一种育人能力。教师的情绪管理为什么如此重要，从孩子们的角度来思考就更明白了。教育始终是心灵与心灵的相互接触、对话、碰撞、影响，而孩子们的心灵是最敏感的，同时也是最容易被潜移默化的。一种情绪对一个有足够思辨能力的成人的传染和影响可能不会太明显，但对心思单纯的孩子来说，传染和影响往往是立竿见影的，是影响深远的。上面的三个故事中，孩子们始终都在关注教师的一言一行并从中习得对待和处理具体问题的态度、方法。作为一名教师，如果学生不敢亲近你，如果你的学生在情绪管理上存在诸多问题，除了要从不同方面寻找原因，更不能忘了反思自己的情绪管理是不是存在问题，是不是给学生带来的都是正能量。

美国社会心理学家费斯汀格（Festinger）有一个很出名的判断，被人们称为"费斯汀格法则"：生活中的 10% 是由发生在你身上的事情组成，而另外的 90% 则是由你对所发生的事情如何反应所决定。这一法则很好地说明了情绪管理的重要性，当前面 10% 不可避免的事情发生后，后面的事情朝着哪个方向发展，就取决于当事人的情绪管理了。积极的情绪管理带来积极的结果，负面的情绪管理带来负面的结果。教育如果带来负面效果，那就比洪水猛兽更可怕了。

谈起教师工作，我总会想到卢梭在《爱弥儿》中说的一句话："你要知道，你的体面不在你自己身上，而在你的学生身上；要纠正他们的过失，就必须分担他们的过失；要洗雪他们的耻辱，就必须承受他们的耻辱。"这句话表面看上去会有点儿叫人沮丧，细细品味，它恰恰是给了我们迎接职业幸福的方向和启示：一位能分担并纠正学生过失、承受并洗雪学生耻辱的教师，该拥有多么积极的心态、温暖的心灵和强大的人格魅力啊！

第四辑

做儿童的知心人

同理心与故事

走到走廊拐角处，发现一个小女孩缩在墙角啜泣，是隔壁班的。此时正是上课时间。我试探性地蹲下来，希望能给她一些帮助。一开始谈话并不顺利，因为小女孩表现出了十分强烈的自我防御。这期间，有同班的孩子出来看她，或者是好奇，或者是表示一下关心，但都是还没来得及开口，就被小女孩歇斯底里地吼跑了。我一边稳定小女孩的情绪，一边努力了解到底是什么样的事情让她如此委屈和激动。因为我努力站到她的立场上来体会和理解，并且与她分享了一个与她的遭遇有关的故事，很快取得了她的信任。她把手伸给我，站起身来，来到我的办公桌边坐下，我们聊开了。十几分钟后，小女孩怀着轻松的心情回教室去了。

随后，她班上的老师来找我，问我是怎么让她想明白的。我的一点经验是，与儿童打交道，不可或缺的法宝有两个——同理心与故事。正是靠着这两个法宝，班上的几个名声在外的"淘孩子"不仅渐渐改掉了坏习惯，而且成了班级同学的正面榜样。

当初接手那个"问题班"时，允是知情老师向我重点提醒的对象之一。果然，几乎他一个人就能将整个教室闹得鸡犬不宁，让课无法正常进行下去。尤其是他是不肯受一点儿委屈的，自己犯了错误，受到了批评，不仅不肯认错反思，而且会耍狠，扔书本、摔凳子加哭鼻子，完完全全一副小皇帝的做派。自然，这与家庭教育有极其密切的关系，但要让他逐渐转变和成长，还是需要我们教师在教室生活中下功夫。

通过观察和聊天我发现，允的表现欲十分强烈，但他分不清什么时候该表现，也分不清怎样的表现是积极的，怎样的表现是错误的。如果一个儿童从小就被鼓励表现自己，大多是会浑身活跃着无数要展示能量和能力的细胞。我决定先尽量满足他的表现欲，让他当了整队时的队长。果然，他兴奋不已；同样，很快他就只顾显摆，根本就胜任不了这项任务，有时方法简单粗暴，有时自己玩耍拖沓。每次我与他聊一个合格队长应该怎么做时，他都毫不犹豫地保证能改正缺点，把事情做好，但每次事后他又忘了自己的保证。

一段时间之后，感觉时机成熟了，这天，我征求他的意见，说要公开选举队长，他马上变了脸色，似乎要发作了。我冲他笑笑："怎么，对自己没有信心？"一听这话，他似乎明白了什么，望着我说："有。""如果你没被选上呢？"我趁热打铁。他犹豫了一下，说："那以后还有选举吗？"……正如所料，他毛遂自荐，却没有得到同学们的一张选票，但是，他也没有像以前那样哭鼻子或耍狠了，而是发起呆来。在这件事上，我的同理心就是做到真正了解并理解具体的儿童，在适当的时候采取适当的办法，引导他们自我反思，实现成长。

一有机会，我就跟孩子们讲自己小时候的成长故事。每当这个时候，孩子们就完全忘了我是老师，不仅争着挤到我的身边，甚至坐到我的腿上，趴在我的肩上。故事大多是真实的，有时也会进行创造，不着痕迹地将"淘孩子"们的故事编进去，不同的是故事中"淘孩子"学会了自我反思，变得越来越好。故事让我和孩子们之间增加了信任。下课时间，他们都喜欢黏着我。

这一天，不知什么原因，竟然有四个"淘孩子"一起在其他老师的课堂上闹腾起来，难以收拾。我决定在每日联系卡上公开批评他们。如我所料，"淘孩子"们一看到联系卡上点名批评了自己，自尊受到了挑战，一个女孩马上发作了，摔凳子扔书包，那架势似乎要给老师一个下马威。其实这个小女孩已经有了很大的转变，平时最喜欢黏在我身边。我故意视而不见，先讲了一个人因被纵容而总是不能进步的故事，然后问允和另一个被点名批评的孩子："你们怎么想呢？"允第一个站起来："忘了今天，改正错误，明天争取上表扬名单。"小女孩根本听不进去，继续自己的表演，我想，该是"出手"的时候了。我故意装出十分生气的样子，严厉批评了她，再将哭着鼻子的她喊到办公桌边，又推心置腹地聊了起来……这次之后，小姑娘再也没有这样肆无忌惮地耍过性子。我之所以敢对她"生气"，是因为我已经了解到自己已经成了她最信任的人，她是不愿意惹我真的生气的。

为什么同理心如此重要？赞可夫说："教师把每一个学生都理解为他是一个具有个人特点的、具有自己志向、自己智慧和性格结构的人的时候，这样的理解才能有助于教师去热爱儿童和尊重儿童。"具有同理心的理解是相互的，它是相互尊重的基础，它使教育者和被教育者彼此心心相印，携手一起成长。为什么需要故事？故事是儿童成长中不可或缺的营养品，儿童很容易自居为故事中的正面角色——但教师要尽量避免把故事的教育意义直接提炼出来呈现给儿童，这样就败坏了故事，使故事失去了原本的魅力。

家庭作业：玩雪

当我们的教育在呼吁或高歌着"发现儿童"时，作为一线教师，真正用心发现身边一个个真实的儿童，真正为儿童的健康成长做着贴心的小事，这比呼吁和高歌重要得多。教育的爱，不单单在于为师者学识有多高深，更重要的，是为师者是否愿意走进每一个具体儿童的内心世界，感受他们的心思，倾听他们的心声，在教育行动上处处为他们着想。一场不期而遇的雪，让我更加坚信这一点。

周五的晨诵原准备继续狄金森诗歌之旅，一场突然降临的雪改变了我的主意。很快找到了徐志摩的《雪花的快乐》，再加上《白雪歌送武判官归京（节选）》《逢雪宿芙蓉山主人》《江雪》，晨诵就围绕"雪"展开了。孩子们最喜欢的还是《雪花的快乐》，尤其在诵读时喜欢"飞扬，飞扬，飞扬"的姿态和"我有我的方向"的感觉——此时此刻，孩子们的方向就在窗外雪花的世界里。

自然，课间的时候一定是陪孩子们到小操场与雪花亲密接触了。没想到，一来到小操场，我一下子成了"众矢之的"，他们都将雪球往我身上扔，毫不手软，快乐无限。回到教室，我逗他们："几个刚才欺负我的，我要罚他们。"孩子们瞪大了眼睛。我故意坏笑："惩罚就是——，周末堆一个雪人，还要将与雪人的合影发给我欣赏。"话音一落，教室里一片欢笑声。可是，紧接着竟然出现了始料未及的一幕，男孩兆翰大发脾气，并且拿起椅子往课桌上砸。我喊住他，他一屁股坐在座位上，哭开了。我想，一定事出有因，便坐到他对面，问他为什么这样一个大家求之不得的"惩罚"，他却委屈气恼。他哭哭啼嗫地告诉我："我不会堆雪人嘛！爸爸妈妈从来就不让我玩，每天都只让我学习。"我想起上周五很随意地问过他一句："又到周末了，是不是很开心啊？"当时他神情落寞地摇摇头："不开心，每天都要上三个课外班。"无论如何我也没想到，一个三年级的孩子，生活中除了学习就只有学习——如果一个儿童因为所谓的学习连雪人也不会堆，这样的童年还有什么意思呢？我问兆翰："老师布置的作业，爸爸妈妈会允许你不完成吗？""不会。""那么，我将爸爸妈妈陪孩子堆雪人作为一项作业布置，你的爸爸妈妈会陪你一起完成吗？"他点点头，不再哭了。

所以，周末联系卡上就有了这样的文字：

周末会有雪哦。注意保暖的同时，别忘了和自然一起欢乐，一定要让爸爸妈妈陪着在雪地里尽情地玩耍，感受快乐（别忘了传一张照片哦）。

周六，细雨蒙蒙，却不见雪的影子。一次次望向窗外，我真担心天气预报只是跟我们开一个令人失望的玩笑而已。半夜了，我还忍不住向窗外张望，希望雪花正从空中飘落下来。如果这个周末没有雪，兆翰就不会感受到和爸爸妈妈一起在雪中玩耍的快乐了，童年亟须补上的一课就要延后了。

周日，下雪了！看着空中纷纷扬扬的白精灵，我心中漾起了幸福。

傍晚开始，班级群里开始出现一张张孩子们在雪中快乐玩耍的照片。当然，也有一张兆翰的。照片上，兆翰和另外两个孩子围在他们堆的雪人旁边，开心地笑着，身上洒满了雪花。他的日记中也洋溢着欢乐：

今天下了一场鹅毛大雪，雪落在草地上，好像大地铺上了一床又一床棉被。

我细心地观察着雪，雪又好像是一粒一粒的白砂糖铺在了软绵绵的草地上。

雪落在我的脸上，我觉得脸冰凉凉的，仿佛我的脸结成了冰块。

雪很喜欢和我玩耍，逗得我每次奔跑起来时，老是被绊倒在软绵绵的雪地里，仿佛雪想要一个巨人陪他们做伙伴一样。

我和我的小伙伴在雪地上飞翔，飞呀飞呀，好像飞到了一望无际的天空中。

今天，连雪都特别喜欢陪我玩耍，我开心极了。

周一第一节语文课，当然是分享孩子们雪中的快乐。一张张雪中嬉戏的照片，一张张幸福的笑脸，还有一篇篇朴实无华、童心飞扬的日记，使教室里充满了欢乐、温馨的气氛，孩子们重新回味着在雪地里打雪仗、堆雪人、与雪花一起飞翔的快乐。我看见，兆翰在这节课上是那么的专注，专注于这童年的快乐滋味，脸上写满了明媚的幸福。

是啊，当家长们以"为孩子将来负责"的名义理直气壮地剥夺了儿童本应享有的童年趣味时，我们教师不必抱怨，因为呵护童年，让教育自然而然，让儿童的生命中拥有真正的雨露阳光，原是一件很简单的事情——也是我们全课程的应然姿态。

共进午餐与契约精神

不管班规包含哪些内容，制定的初衷是通过它来规范学生学习生活中的各种行为，让其合乎我们认为正确合理的规定和要求。不可否认，是教师认为学生"不懂得"和不信任促成了班规的诞生。当我面对班上孩子们各种"没规矩"和"任性"时，首先想到的也是班规。只是多年积累的经验使我对由教师颁布的班规怀有警惕心理，不愿轻易将其外显化并贴到墙上。我希望通过基于相互信任的教室生活中的师生交往，尽快引导孩子们形成一种默契，让教室生活变得井然有序。我的经验里，一般情况下，一个多月的磨合就能使教室生活达到令人满意的状态，但是，这次我不得不承认所有的经验都不值一提，一个多月后那些我行我素的学生依然故我，心目中毫无规则意识。这时我开始反思和"妥协"，决定引导孩子们相互约定一些必要的行动规则。后来，教室的墙上就有了几张由孩子们自己讨论设计的"重点图"，分别围绕"上课""下课""排队""交往"等教室生活所涉及的各个方面，写上了应该遵守的基本规则。起初的一两个星期，大概因为新鲜，孩子们能根据重点图上的内容进行自我要求或相互提醒，时间稍长，重点图就形同虚设了。

我再次陷入沉思：班规是什么？是用来管理班级学生行为的吗？它的意义更应该体现为引导孩子们树立规则意识，进行契约精神的启蒙。

班规分两种：一种是显性的，用文字或图文的方式记录下来，贴在墙上或印在纸上；一种是隐性的，是老师和学生、学生和学生在教室生活中慢慢形成的待人处事方式的默契。前一种是从外部约束开始，学生是由外而内地被引导着逐步学会根据规则来进行自我约束，后一种是由内而外的、从学生个体自身需要和相互信任出发自觉形成的自我要求。所以，隐性班规从生成的方向性来看，对学生的自我成长具有更加重要的价值。由此可以得出这样的结论：如果能将显性的班规转化为学生内心的需要，与隐性班规融为一体，则是最好的境界。

不久，一个难得的契机出现在面前。以前我习惯了在教师餐厅用午餐，基本没有想过要陪着孩子们在学生餐厅用餐。有一天中午因为教师餐厅人满为患，我决定在学生餐厅吃饭。我刚打好了饭菜，就有几个孩子跑过来，亲热地邀请我和他们坐在一起用餐。我欣然答应。这顿午餐我们边吃边小声聊天，不仅其乐融融，还使我有了难得的收获——了解了孩子们在教室生活中没有表现出来的习惯、想法和态度。吃完午饭，我被一群孩子簇拥着回教室，路上看见有被扔在地上的垃圾，我停下来捡起，放进垃圾桶。马上，再看见垃圾，有几个孩子赶紧抢在我的前面捡了起来……

第二天上午课间，有孩子到我身边，要约我一起共进午餐。第三天，同时过来约我的人多起来，他们争着说自己先约的，不肯让步。我让他们安静下来，与他们达成共识：第一，因为他们人数多，每张桌子人数有限，老师不能同时答应所有人的邀请，所以必须提前预约；第二，每个小组每周只能有一次机会，保证大家预约的机会均等；第三，老师因为某些原因没能按时赴约，必须给出解释和补偿；第四，理由充分的情况下，学生可以主动取消预约；第五，老师可以根据预约小组的表现，通过协商拒绝预约。孩子们高高兴兴地答应了，我因此每天都成了他们心目中的"贵客"。

孩子们珍惜与我共进午餐的机会，我更加珍惜这个促进相互信任和对他们进行契约精神启蒙的机会。在共进午餐的时候，孩子们会毫无保留地将自己的心思说出来，我捕捉其中有意思和有意义的话题，与他们探讨。往往，孩子们关心的话题，都是他们在教室生活中相互之间产生的一些小困惑、小矛盾，例如谁上课常常打扰身边的同学，谁答应交换玩具又反悔了，谁检查背诵总是找理由推说自己忙，自己不希望与谁合作了……我发现，孩子们关心的事情，与他们预约我共进午餐是属于同一类的，都可以通过树立规则意识或培养契约精神来解决。以往，重点图上的规则基本上是单向约束，而共进午餐是协商约定，基于信任、自由和平等。

契约源自相互的不信任，而契约上升为契约精神后，制定契约就源自于相互的信任。作为现代文明社会的主流精神，在教室生活中进行契约精神的启蒙显得尤为重要。其实，契约精神并不高远，说话算数，设身处地为他人着想等，都是契约精神的体现。从我们通过共进午餐的形式将基于平等、自由和信任的契约精神点滴渗透教室生活开始，班级的面貌就悄然发生了改变，甚至迎来了其他师生羡慕的目光。

期末礼物

班级生活一定要重视仪式给孩子带来的成长体验，每学期结束时举行的班级期末庆典，是我和学生共同拥有的班级生活仪式之一。庆典上老师和孩子们一起完成一份班级叙事，孩子们一学期的收获和成长是叙事的主要内容。借由班级叙事，家长们看到了孩子们一学期的班级生活和成长的足迹，孩子们也清晰地看到了自己是怎样一步一个脚印收获成长的。班级叙事之后，是为孩子们颁发"成长奖"。

所谓"成长奖"，就是为每一个孩子颁发一份学期成长荣誉证书，这份证书上的颁奖词是每一个孩子所独有的，让每一个孩子看到自己与众不同的闪光点，从而更加自信，更加积极和阳光。我了解到，一二年级的时候，孩子们的成长奖有老师颁发的，也有家长颁发的，为的是让孩子们既感受到老师的关爱，也体会到家长的陪伴。每份成长奖都精心制作，文字打印在印有孩子照片的奖状纸上。当三年级第一学期只剩下一个月的时候，我开始思考，这学期的成长奖该怎样种进孩子们的心田里——如果成长奖只是作为一种形式的存在，而没有真正触动孩子的心，那是没有意义的。

因为在我成为班级一员之前，这个班曾经被贴上了"问题班"的标签，这就让我对以前颁发的成长奖进行了反思，如果成长奖真的能拨动孩子们成长的和弦，为什么班上的"熊孩子"越发"熊"了呢？或许，虽然每一份成长奖都是老师或家长用心用情撰写的，孩子们却因见多了打印在纸上的文字，也就对成长奖上的文字漠然了。

这学期，我和孩子们共同见证了他们的成长和进步，曾经的"问题班"不到一学期就走上了正轨，"熊孩子"一个个懂得了做好自己才是真正对自己负责。作为一名老师，最令我骄傲的是孩子们对我的信任和"依赖"，因为他们觉得我很神奇，能读懂他们每个人的心思。他们十分期待我的肯定，期待我送给他们的每一份礼物——一次夸奖，一本书，甚至一句贴心的话。我突然想到，我还没有给他们写过一封信呢——他们应该都还没有收到过别人认认真真手写的信吧。在这个用键盘代替笔墨的时代，除了学生读书写作业，很少有人用笔写下整篇的文字了。我决定，这学期的成长奖，改作我用笔为每个孩子写一封信。

　　我用心设计了简洁的信纸，利用空闲时间，开始一笔一画给每个孩子写信。

　　孩子们一下课就喜欢围到我的身边来，叽叽喳喳诉说他们的小心思，或者问我各种各样的"奇葩"问题。他们发现我正专注地在纸上写着什么时，凑过来想看个究竟。我故意制造神秘感，一见他们跑过来，就用书将信遮住或者将信放进抽屉里。我的举动使他们的好奇心更加强烈了，终于有孩子趁我专注于写信的时候，偷偷地凑到我的身后，目光越过我的肩膀，瞟到了信的抬头。他们一下子兴奋起来："××，老师在给你写信呢！"接着，他们就想方设法要弄明白我会给哪些同学写信，会写些什么，有没有自己的份儿。我总是不让他们如愿，只告诉他们这是期末的礼物，至于是不是每个人都有，现在还不知道呢。"老师，一定要写一封给我哦！"看着他们讨好的眼神，我心里美滋滋的，脸上却是"高深莫测"的微笑……

　　记得在十几年前，我曾经在期末时为班上的每个孩子写过一封长长的信，当孩子和家长拿到信，都是那么兴奋和感动。只是，之后就没有再写过。现在，看到孩子们如此期待，我也对这封信充满了期待，希望它能够在他们的心田里种进一颗温暖的种子，让我的陪伴能在他们心中留下又一个美好的记忆。

　　"亲爱的××"，这是每封信的开头；"爱你的李竹平老师"，这是每封信的落款。正文里，我让孩子一起回忆这个教室里与他有关的故事，尤其是他的进步，他为这间教室带来的美好。当然，我也会像写寄语一样，写上几句期待的话，一起展望更好的新学期。

花了近两个多星期的时间，为每个孩子写好了信，再装进风格清新的信封里，就等着期末庆典时送给他们了。孩子们更是期待着这一天快点到来。

给孩子们每人送一本书和一封信安排在期末庆典的最后。我注意到，无论是孩子还是家长，首先打开的不是书，而是信。我还看到，有的孩子读着信时，脸上洋溢着骄傲和幸福，眼里还闪动着晶莹。当天晚上，有孩子将信发到了空间里，写上了这样的文字："谢谢李老师，我心里是满满的感动。我会好好珍藏这份最珍贵的礼物。"

是的，作为一名小学教师，重要的不是教给孩子们多少知识，而是因为有了你，他们的生命中会留下一份美好的记忆。

新学期的祝福

学校教育面对的不仅仅是一个个孩子，还是一个个与众不同的家庭。我觉得，真正有价值的教育，至少要基于两个研究：研究孩子和研究家长。

走进孩子的内心世界，需要同理心。同样，走进家长的心里，与家长在孩子的成长教育上达成积极的共识，也需要同理心。班上一群"熊孩子"在自我管理等方面的成长进步，不仅仅因为我在教室生活中赢得了他们的信任，还离不开家长的共同努力。"亲其师，信其道"，对学生而言是这样，对家长而言，也是如此。当家长不仅感受到老师对孩子的关爱，还感受到老师对他们自己的理解，自然就会与老师携起手来，为着共同的目标用合适的方式陪伴孩子成长。

我很少召开家长会，也很少请家长谈话，只有当孩子的问题比较突出，并且判断造成问题的原因与家庭环境关系密切时，才会请家长一起聊聊孩子的问题，探讨怎样的教育引导才是适合孩子的。

不可否认，很多家长并不懂得家庭教育的重要性，也不明白亲子教育的价值，错位或者缺位的家庭教育导致了孩子成长过程中的各种问题。班上一个很可爱的小女孩，乐观顽皮，但影响了别人或者没有完成自己的任务，总会找一个又一个借口为自己开脱，挨了批评就耍性子。经与家长聊天，发现根源正是在家庭教育。夫妻俩在对待孩子的问题上有明确分工，一个当"虎妈"，一个当"猫爸"，原以为这样孩子就能成长得更优秀，结果发现事与愿违。在家里，孩子就学会了用各种各样的借口推卸责任，因为这样可以尽量避免被妈妈揍，且能得到爸爸的"庇护"。夫妻俩还发现，孩子与爸爸关系亲密，与妈妈疏远，这有点儿让每天为她饮食起居、穿衣打扮不停操心的妈妈心伤。他们没有意识到，两个人只是在刻意扮演分配的角色，却缺失了作为父母之于孩子应有的自然的亲情，从而失去了孩子的信任——因为孩子找不到亲子关系中十分重要的安全感，她找借口实际上是寻求自己的安全。孩子耍性子，在家里是常在爸爸跟前使的招数，而在学校，老师就像她眼中的爸爸，因为她早就看出老师不会像妈妈那样罚她，更不会像妈妈那样打她。还有一个小男孩，喜欢与同伴开各种玩笑，却接受不了别人主动与他开玩笑，属于"所有的理都在我这边"的典型例子。原来，他的爸爸以传统家长自居，与孩子几乎没有交流，妈妈是眼里只有成绩的"虎妈"。在孩子的印象中，爸爸妈妈从没有把他当作孩子，家庭里没有温馨，只有压力和恐惧。在家庭中失去的存在感，他不自觉地要在教室里找到，因为同伴不会像爸爸妈妈那样"不可抗拒"。

像这样感受不到爸爸妈妈的陪伴，在家中没有安全感的孩子不在少数。我设身处地地为孩子着想，为家长考虑，通过真诚的探讨和对话，很多家长发现了自己在家庭教育、亲子关系中的不足，愿意真正为了孩子的成长而改变。新的学期来临前，我决定为家长创造一次机会，让孩子们感受到爸爸妈妈的关爱和陪伴，能在更安全的心理氛围中"朝着明亮那方"积极成长。

开学前，我在家长群中提出倡议："各位家长新年好！寒假过得开心、充实吧，新学期马上就张开怀抱迎接我们了，一定充满着新的期待吧！新学期应该有一个既有意思又有意义的开端，所以我建议各位家长能从百忙之中抽出点时间，用小视频录一段对孩子新学期的寄语以及自己将怎样陪伴孩子一起成长的小承诺，也可以是为孩子制作一份精美的寄语卡片。录好或写好后在22日前发给我（卡片可以拍照片发给我），尽量不要让孩子知道哦。我们在开学第一天给孩子们一个惊喜，一份幸福的感受。各位家长，愿意行动起来吗？"令人欣喜的是，所有家长都积极行动了起来，有的精心制作卡片，有的录制了视频。

开学第一天，我们叫它"立春日"，精心策划了"设计制作春牛图""爸爸妈妈送惊喜""种下一颗种子"等活动。"精心设计制作了春牛图，为别人送去了真诚的祝福，来看看爸爸妈妈在新学期给你们送来了怎样的祝福和承诺吧。"我的话一出口，孩子们睁大眼睛——这教室里没有一个家长啊！当从PPT上看到爸爸妈妈制作的精美卡片，读到爸爸妈妈温暖的文字，听到爸爸妈妈关心和祝福的话语，教室里不断响起掌声和笑声。这时我注意到，很多孩子脸上洋溢着幸福，眼睛却湿润了……因为爸爸妈妈告诉他们，自己曾经做得不够好，没有尽到陪伴的责任，今后会倾听他们的心声，会抽出更多的时间陪伴他们……

新学期里，很多孩子有了更令人欣喜的变化，这不一样的新学期的祝福一定功不可没吧！

发挥同伴的影响力

童年是需要伙伴的。这是交往的需要，也是精神和心灵成长的需要。在童年拥有怎样的亲密的同龄伙伴，往往会在一个人的生命中打下鲜明的伙伴烙印，甚至对一生都产生重要的影响。小学的学习生活是给人生打底色的，在同一个教室里，拥有怎样的成长伙伴尤其重要。

澍是一个个性鲜明的小男孩，痴迷历史读物，博闻强识，却受家庭影响，懒散随性，耽于电脑游戏，在学习生活中思、辩积极，遇上动笔就马上紧锁眉头，磨磨蹭蹭，常常一节课时间才写出十几二十个字。当然，迟到是常态，他妈妈说已是多年的习惯，改不了。我深入了解了他的家庭情况，明白了澍的心思，取得了他的信任后，针对性地采取过一些措施，澍的确有所改变，虽然字写得一如既往的龙飞凤舞，却不再排斥动笔；虽然还会向往电脑游戏，却能主动努力抵抗游戏的诱惑了——至于迟到，不得不接受现实，果然是改不了。

突然有一个星期，澍每天都早早地来学校。我装作随意地问他一句："澍，这周你怎么每天来得这么早啊？"他放下正在整理的书本，既兴奋又认真地说："我不能拖我们组的后腿啊。怡每天都会在我耳边叨叨，说我们组每个人的表现不仅代表自己，还会影响到大家……"

这是怎么回事呢？学期初，为了让孩子们能进一步学会自我管理，我们重新进行了小组的划分。小组长和组员实行双向选择的方式，先由全班同学推选出六个小组长，再通过双向选择成立四人或五人小组。规则和要求很简单，组长选组员要经得组员同意，组员选组长要经得组长同意。最后没能通过双向选择成为具体小组成员的，由老师和大家一起商量安排，这些"被安排"的组员要积极争取信任。组长和组员都是自己选择的，每个人要对自己的选择负责，组长要主动为组员服务，要带好自己的组员，在教室生活中一起努力创造美好；组员要积极响应组长的号召，争做自我管理之星。一个小组就是一个整体，大家要相互尊重，相互帮助，一起进步。对小组的自我评价和班级评价以小组内每个人每天的自我管理情况为依据。

以往虽然也有小组，但因为组长和组员不是自己的选择，他们虽然形式上是小组同伴关系，心理上却没有认同感，相互间没有基于同伴关系的信任感和责任意识，所以几乎没有任何积极的教育意义。现在，每个小组的孩子们不仅坐在一起，心还在一起了，他们上课会相互鼓励，下课会相互提醒，活动时会积极协作，不分男孩女孩，他们成了真正的成长伙伴。

更重要的是，孩子们在这样的选择和伙伴关系中学会了自我反思。个性突出的彤最终还是选择了一个人一个小组。下课她能找到玩伴，但她自己清楚，暂时还没办法拥有小组式的伙伴。有几个小组长主动邀请她加入，她都流着眼泪拒绝了。她告诉我，她还没有准备好接受一个组长的服务和监督，她只能努力管理好自己。她虽然只是三年级的小女孩，却强烈地向往"独立"，有时又表现出"不一般"的责任感——见到旁边的同学表现不好，会用简单粗暴的方式提醒。她清楚自己采取的方式不合适，在努力改变，有时却控制不了自己，所以，这次，她经过激烈的思想斗争，选择了一个人一个小组。令人欣慰的是，几个月来，她一直在进步，还曾主动尝试选择伙伴一起成长。

婕一直是让老师和同学头疼到无语的女孩，不讲卫生，喜欢在课堂上找身边同学拉家常，习惯推卸责任。当其他组长都不肯选择她时，善良的曼选择了她作为组员。开始的一个月，因为她，曼的小组从未被评为优秀小组，曼自己躲着流过泪，却没有埋怨过组员。曼清楚，这是自己的选择，自己就要承担责任。渐渐地，婕变了，开始学习收拾自己的物品，上课不仅不找人聊天，还主动与曼探讨学习问题，积极举手表达自己的思考和观点……

这样的同伴故事还有很多。如果我们将教室里的成长伙伴简单看成一个班集体里的所有成员，对于每个个体的儿童来说，这是很抽象的——整个班集体、班风只能是成长的背景类环境，起的是潜移默化的作用，具体到个体，作用的大小会有很大差别。在教室里，针对孩子们的实际情况和成长需要，为了具体的成长目标选择合作型伙伴，发挥同伴的影响力，会很自然地激发儿童的内驱力，让他们乐意朝着"更好的自己"前进。

享受孩子们的"欺负"

"李竹平，老实告诉我们，你上午去哪儿了？"我一进教室，几个孩子就冲过来，围着我，摆出一副兴师问罪的架势。

"组员李竹平，赶快坐好，不要说话！"一个小女孩一本正经地命令我。

突然见到这样的情景，很多老师都会诧异。如果接着往下看，你就会羡慕了——

"老师，一上午都不见你，我们想你了嘛！"见我盯着他们不说话，他们马上撒起娇来。

"老师，我给你捶背，你就坐在这儿，别走好不好？"见我起身要离开的样子，小女孩赶紧哄我。

很多老师经常会跟我说："你们班孩子真幸福！"因为他们经常看到孩子们"欺负"我的场景：要么在回教室的路上吊在我的手臂上，要么围在我的身边叽叽喳喳，要么故意损我一句："今天是青年节，不关你的事哦"……

我和孩子们一样感到幸福，要知道，孩子们信任你，在你身边有安全感，他们才愿意"欺负"你。和我搭班的孝孝老师也是孩子们"欺负"的对象，因为孩子们也信任她。当孩子们信任你的时候，教育就成了最自然的事情——你不需要刻意去教给他们什么，你跟他们相处的点点滴滴都在时时刻刻影响着他们的成长，你一句最简单的鼓励会让他们欢欣鼓舞，一个眼神就会让他们心领神会。虽然我会用各种方式引导不同的孩子怎样面对负面情绪，但真正让他们学会控制情绪的是我和他们相处的方式，是我给他们做出的榜样。在遇到很多老师理所当然会生气的情况，面对我的心平气和，孩子们经常会问我："老师，你为什么不生气呢？"我会马上问他们一句："你觉得我生气了，事情就圆满解决了吗？"他们想了想，幡然醒悟，每次自己遇到事情有情绪，不但问题根本得不到解决，自己还被坏情绪控制了。孩子们"欺负"我，当然不是我不会生气，而是觉得我是真正可以信任的人，我能够在不经意间让他们发现更好的自己。

几乎每天都会"欺负"我的一个小女孩，以前遇事就大哭大闹不肯承担半点儿责任，现在常常会得意地告诉我："李竹平，我没有生气吧！要是以前，我肯定又哭又闹了！"一次我出差，突然接到孝孝老师的电话，说这个小女孩与另一个小女孩（也是经常"欺负"我的）闹矛盾，手臂被抓了，担心家长会兴师问罪。我让这个小女孩接电话，在电话中她告诉我："没事的，我们本来是好朋友。"另一个小女孩在电话中承认自己做得不对，要向好朋友道歉。她们知道我希望她们怎样积极处理相互之间的事情，哪怕我不在身边，仅仅是在电话里，也感受到了彼此的信任，所以很大度很阳光地主动解决矛盾。

见过很多管理班级"有一套"的教师，学生们敬畏他的威严，无论在教室里还是教室外，见到他都毕恭毕敬，他说一学生是不敢嘀咕二的。表面看来，这样的教师拥有强大的气场，即使他们不在教室里，学生也会规规矩矩，不敢有半点"放肆"——他们清楚，"放肆"的后果会十分严重。当然，这些学生是怎么也不敢"欺负"老师的，他们始终感受到一种无形的压力，只能小心翼翼地做"老师的学生"。我想，这样的老师一定是无趣的，师生之间是没有相互的理解和信任的。缺失理解和信任的教育，真正完整的"人"就不存在了，所谓成长的快乐和幸福也就无从谈起。

我喜欢被孩子们"欺负"，更享受被孩子们"欺负"。他们"欺负"我的时候也是完全向我敞开心扉的时候，借此我可以更明了他们的心思。他们打断我手头的工作，向我讲述家里的故事，诉说心中的困惑，展示自己的"成就"。他们甚至找我宣泄情绪，大声地哭出来，我只需要静静地注视着、等着，他们心情平复下来后，我温温和和的三言两语，就能让他们的心情拨云见日。

马斯洛需求层次理论指出，人在满足基本的生理需求后，首先需要拥有安全感，再在与他人的相处中寻求相互尊重，然后才会走向积极的自我实现。孩子们没有从老师身边获得足够的安全感，没有感受到老师对自己的尊重，是不敢更谈不上愿意"欺负"老师的，积极的自我实现也就变得很遥远。

你是不是一个深受学生喜欢的老师，那就看看学生们愿不愿意"欺负"你。孩子们愿意"欺负"老师的班级，一定是一个内在秩序越来越占主导地位的、生命舒展的、充满活力的班级。

"你自己能解决吗"

小广又蹙着眉来到我身边："老师，佳琦拿我的书不给我。"这个瘦瘦高高的男孩，几乎每天都要过来告状，多数时候是因为别人招惹他了，也有时候是与他无关的事。以往，考虑到他有点憨同时性格既有点儿倔强又有点儿懦弱，容易在喜欢恶作剧的同学那儿吃亏，我通常会问清事情原委，批评招惹他的同学两句，安抚安抚他的情绪。细细想想，也没什么大不了的事情，不过是游戏成真或者一不小心之类。但是，作为一名十一二岁的学生，他自己的感受才是最真实最重要的，他觉得自己受到了伤害，做老师的不以为然，更会使他觉得没有得到尊重，心生委屈。

其实，班上这种向老师告状的情况几乎每天都会发生。很多孩子反映的都是司空见惯的小事，诸于谁说了自己难听的话，谁把自己的书弄脏了，谁站队时故意推搡自己等。很多老师都喜欢充当保姆的角色，一有学生告状，马上"升堂审理"，听完"原告""被告"的陈述，做出自认为合理公正的裁决。还有的老师为了减少麻烦，让这种纠纷自然减少甚至消弭，公开鼓励告状行为，并做到一经查实，严惩不贷。结果，顽皮的被迫消停了些，告状的却从告状行为本身找到了存在感，以告状为荣，最终还是会让老师不胜其烦。

意大利教育家玛丽亚·蒙台梭利认为孩子喜欢告状或打小报告，是因为他们所处的年龄阶段正在确立对错观念。尤其是一二年级的小学生，他们正处于是非观念养成的关键期，期望把自己不能判断的事情告诉老师或家长，来获知到底是对是错。美国小学教师玛西亚的实际经验是二年级的孩子最爱告状。他们这个年龄开始对规矩和制度有初步概念，产生规则意识，一旦发现哪位同学没有按照老师定下的规矩做事，就喜欢打小报告，他们想看看老师的反应如何。这样看来，面对七八岁的孩子，老师认真地对待他们的告状，对他们形成基本的是非判断和规则意识是有帮助的。问题是，如果学生年龄增长了，年级升高了，仍然喜欢告状并以告状为荣，就值得我们警惕和反思了。

我想，学生如果到了小学高年级还热衷于告状，要么是他从告状的行为中获得了赏识从而认为这种行为是值得提倡的，要么是他习惯于依赖老师的权威解决，哪怕微不足道的问题，全然没有自己解决矛盾冲突的意识和能力。无论属于哪种情况，对一个人的成长发展都是不利的。前者会导致道德认知的扭曲，后者会养成依赖人格。所以，包括小广在内，我对班上的告状现象产生了警惕，努力寻求科学合理的处理对策。对于其他的学生，我的解决办法很简单，认真倾听他们的诉状，然后征求他们的意见："你觉得自己能很好地解决这件事吗？"有时看见他们信心满满地离开，我很快就会忘了这件事；有时感觉事情可能不会解决得很顺利，就会跟踪一下，问一问他们是怎样解决的，因人制宜地进行方法和态度的引导。针对小广这样的孩子，我一定会多用点心。

记得上一次，小广哭着鼻子来告状，说梓昂骂他是"孙子"。一听就知道是很不起眼的小事，可他是哭着鼻子过来的，说明在他看来这事儿不是小事。我放下手中的笔，认真地听他讲事情的经过。显然，他很激动，声音颤抖，语无伦次，大意是他正在与同桌玩"儿子孙子"的游戏，梓昂掺和进来，骂他是"孙子"，还打了他。他像这样情绪激动地来告状已经不是第一次了，大多数时候都是别的同学不会放在心上的小事。虽然他对事情的判断和认知与其他同学不一样，我还是希望他能学会自己解决这类事情。我注视着他的眼睛，问他："你觉得自己能解决这件事吗？"他愣了一下，接着又开始诉说起来。看来，还是不能指望他自己来解决了。但是，很明显，这真的算不上伤自尊的大矛盾，我总是替他出头，他怎么能有所成长呢？我决定换一种方式。

我请他回到座位上，让学生们安静下来，然后开始当着同学们的面调查事情的真相。考虑到他的同桌坐在他和梓昂中间，应该最了解事情的经过，我就请他同桌说说是怎么回事。他同桌告诉大家，他与梓昂一起玩"儿子孙子"的游戏，梓昂冲着他喊"儿子"，正好小广转过脸来，认为梓昂在喊他"儿子"，他便毫不犹豫地回敬梓昂"孙子"，梓昂干脆真冲着小广喊声"儿子"。小广不干了，先动起手来，梓昂虽然个子小，动作却灵活，将小广打疼了。小广便找老师告状了。小广马上抢过话来，说梓昂就是喊他"儿子"了，是在骂他。这时，坐在对面的女孩欣颖举手，示意有话要说。她告诉大家她看见了事情的经过，如小广的同桌说的情况一样。唉，其实问题出在小广自己身上！显然，小广来向我告状时，对事情的起因和经过进行了趋利避害的"改编"。

我不想当着同学们的面批评他，而是让同学们说说自己遇上这种产生误解闹出矛盾的情况，会怎么处理。很多人都说当作游戏就是了，没必要往心里去。小广虽然还一脸委屈，我也没再理会了。事后，我将小广喊到身边，叮嘱他以后与同学发生矛盾，先静下心来想想，自己可以怎样和同学化解矛盾，友好相处。大概刚才的委屈已经被淡忘了，他点点头。我笑着问一句："真的行吗？"他也露出了笑容，自信地点点头："真行！"

当然，下次发生类似的事情，小广可能还会来告状。这不，文章开头的一幕出现了。我没有细问原委，望着他的眼睛，过了一会儿，微笑着一字一顿地问他："你能自己解决吗？"他幡然醒悟的样子，不好意思地"哦"了一声，转身走了。也许，我们会担心学生自己解决问题的能力，但是，真正的能力只有通过自主的实践才能习得。如果学生缺乏这种能力，我们给予支持的时候，就要将重心放在方法的指导上，促其逐渐提高自己解决与同学相处中的问题的能力。

不用怀疑，再下次，小广还会来的。我呢，肯定还会问他："你自己能解决吗？"或许，次数多了，小广就慢慢学会自己处理了。

"你能自己解决吗？"我希望这样一句简单的询问能慢慢促使每一个孩子学会用积极、包容的态度与人相处，学会自己解决与人相处过程中发生的"纠纷"，能从小懂得不做一个告密者，也不做一个依赖者。

怎么就没人喜欢你

最近，班上接连发生了几件学生因被传"绯闻"而哭鼻子的事情。当然，传"绯闻"的总是几个顽皮的男生，哭鼻子的总是几个在学习上表现比较优秀的女生。

这天活动时间，我刚走到教室门口，昕琪就冲过来，噘着嘴告状："老师，小岗又传'绯闻'，洋洋都哭了。"教室里，几个女生围坐在一起，一边安慰洋洋一边抱怨那些令她们讨厌的男生。我在她们身边坐下，洋洋开始擦拭眼泪。我冲她笑笑，明知故问："怎么哭鼻子了？"她喜欢在我面前撒娇，这时却梗着脖子，咬牙切齿道："老师，你说小岗烦不烦人，一个劲儿地传'绯闻'。"其他几个女生马上七嘴八舌地反映好几个男生经常传"绯闻"，更过分的是还用小纸条写着乱传。她们可能期待我将那些男生找来批评一顿，没想到我没有。我故作惊讶："嗨，这有什么可哭鼻子的啊，被人传绯闻，应该感到自豪才对呀！"正如我料到的，她们一个个睁大了眼睛看着我，坐在我旁边的晶晶表示抗议："老师，你怎么能这样啊？"

"老师是实话实说啊。你们先说说，那几个男生是怎样传绯闻的？"

"他们总是到处说谁喜欢谁了，讨厌死了。"昕琪依然噘着嘴，一脸不高兴。

"他们这哪是传'绯闻'啊，分明是羡慕嫉妒恨嘛。你们想想，什么样的人才能被人喜欢呢？"我盯着她们的眼睛，期待她们的答案。

她们沉思了片刻，晶晶先开口了："老师，我懂了。"她说完，羞涩地笑笑，冲大家点点头，似乎意味深长。

我故意要她说明白了："说说，你到底懂得什么了？"

"被人喜欢，说明很优秀啊，不被人喜欢，肯定表现很差。"她这次说得一本正经。

"对，就是这样！你们看，那些传'绯闻'的家伙表现怎么样？你们喜不喜欢他们？"

她们都摇摇头。

"所以嘛，他们是因为自己得不到别人的喜欢，心里难受，嫉妒别人，才想用传'绯闻'的手段表达自己的失落。他们也很可怜的，你们应该同情他们才是。"

"就是！"洋洋一改刚才的委屈，扬起了头，脸上分明写满了骄傲。

我趁热打铁："其实我很了解你们。你们正是进入青春期的时候，私下里经常会讨论谁喜欢谁的话题，对吧？"

她们不约而同地点头。

"喜欢一个在某一方面表现优秀的异性同学，这是正常的情感态度，没什么难为情的。老师倒觉得找不到自己喜欢的同学，或者没有一个异性同学喜欢自己，这才是一件很丢脸的事情。你们觉得呢？"

她们都煞有介事地点点头。这时，几个男生也凑了过来。

晶晶突然问我："老师，我想请教一个问题，喜欢跟爱有什么区别呢？"

"喜欢就是对一个人有好感，觉得那个人有优秀的地方，谈得来，值得交朋友。爱与喜欢最大的区别在于，爱要负起更大的责任。喜欢一个人，只需要相互尊重、相互欣赏就行了；爱一个人，得考虑能不能凭自己的能力给对方带来安全和幸福。爱一个人可不是一件容易的事情，需要创造爱的资本。我们现在的年龄，可以喜欢一个同学甚至几个同学，却离大家说的爱情离得很远很远，因为我们还不具备爱一个人的能力。你们觉得呢？"

无论是男生还是女生，都若有所思，也若有所悟。

"以后遇上别人传绯闻，怎么办呢？"我问他们。

翼腾说："不理就是了。"

昕琪说："就当没听到。"

我摇摇头："这可不是好办法。应该问问他们：怎么就没有人喜欢你呢？"

大家笑了："对，这个办法好！"

这样的一次聊天真的能让孩子们正确面对传"绯闻"这种事情了吗？现实是，现在似乎能够正面面对这种事情的仅仅是参与聊天的一小部分孩子，那些热衷于传"绯闻"的孩子还会继续以此为乐，时间长了仍会影响其他同学。怎样才能让每一个孩子都认识到异性同学之间的相互喜欢是一件正常不过的事情，而传"绯闻"是一件很无聊、幼稚的事情呢？经过深思熟虑，我决定开一次有意思的班会。

上课了，我说："这节课我们聊聊天吧。"不用说，教室里一片欢呼声。

我在白板上写上"喜欢"二字，然后和孩子们聊起来："一个人如果不被别人喜欢，会有怎样的感受呢？当然很难为情了。一个六年级的男生，如果没有一个女生喜欢，或者作为一名六年级女生，没有一个男生喜欢，那原因会是什么呢？"

孩子们先是愣了一下，很快就醒悟过来，小声议论起来。等了一会儿，我请他们自由发表看法。

"我觉得没有女生喜欢的都是表现不好的男生。"旭总是积极发表见解。

"没有人喜欢的肯定是讨人厌的家伙。"泽说。

松早就忍不住了，拉拉我的衣角，就说开了："还有的是不好意思承认，其实心里喜欢。"

"那你要是喜欢一个女生，会是什么理由呢？"我问他。

"老师，你别说我啊！"他不好意思地摇着头。

我笑着对他说："不用不好意思啊，我也不是让你说自己喜欢谁，只是让你说说自己会喜欢什么样的女同学嘛。"

"哦哦，"他如释重负，"那当然是学习成绩好，不暴力的了。"

教室里就这样聊开了，不管男生女生，都喜欢阳光积极、乐于助人、善解人意的同学，也有喜欢有特长的，当然还有喜欢长得帅或漂亮的。这都是真实的心声。

我接着问孩子们："你们心中有自己喜欢的同班同学吗？"

教室里又安静了一会儿，接着就是窃窃私语。我故意让小岗先说一说，他扭扭捏捏地站起来，低着头，腼腆地笑着，不吭声。

我追问："班上没有一个值得你喜欢的女生？"

"不，不是……"他先嗫嚅着，马上又鼓起勇气抬起头，"老师，可以不说吗？"

我理解孩子们，他们不好意思说啊，换了我，也不好意思说的。我请他坐下，拿了一沓卡片纸，告诉孩子们，将自己喜欢的异性同学的名字写在卡片上，有几个写几个，不用署上自己的名字。

很快，孩子们就写好了，每个人至少写出了一个同学的名字，有的写了三四个。我收集起来，读出卡片纸上的名字。我发现，被读到名字的孩子，不再是躲躲闪闪，而是一脸骄傲。读到一半时，我不再读了，因为我想到，可能有个别孩子的名字不会出现在卡片纸上，这会让他很尴尬。

课上，我没有提传"绯闻"的事，只是接着啰唆了一下喜欢与爱的区别。我想，孩子们对曾经的"绯闻"应该有正确的认识了。

果然，这次班会之后，再也没有孩子因为"绯闻"而哭鼻子或告状了。我还发现，男生和女生之间的交往更自然和谐了。

孩子们在成长的路途中，总会遇到一些不知怎么认识和应对的事情。身为人师，要研究他们，要理解他们，用一颗同理心来引导他们正确认识，积极应对。

因为懂得，所以呵护

一

R已是第三次问我："如果被查出来，会很严重吗？"

我懂得他的心思。他担心，一旦被查出那100元钱是他从H的柜子里拿的，会不会受到他想象不到的惩罚。

我知道这件事基本上真相大白了。但是，我必须让R在承认错误、受到教育的同时，心里感到安全，毕竟他还是一个孩子，且以前没有过这种行为，他这么做，一定是有某种原因的——即使这种原因不能成为他逃避责任的理由。

事情是这样的。

中午我吃完饭回教室，几个男孩围过来，叽叽喳喳说有事要我处理。我让当事人留下，其他人忙自己的事去。

平时表现有些木讷的H基本说清楚了是怎么回事。他从教室出去的时候，看见R正关书包柜的门，一只手里拿着一张100元的钞票。他觉得那张钞票折叠的样子很像自己的，便打开自己的书包柜，发现书包外侧的小格被拉开了，拿出饭卡，发现塞在里面的100元钱不见了。他马上跟R说："你手中的钱是我的。"

R说，那钱是自己的，他的饭卡丢了，带100元钱来重新办饭卡。H知道R的饭卡丢了，但他坚持认为那100元钱是自己的。我把刚才一块儿过来找我的两个男生从教室请出来。他们一致为 H 作证，这 100 元钱的确是他的，理由是 H 早上来的时候给他们看过这张 100 元的钞票，当时就是这样子折叠的。

现在，轮到我来"破案"了。

我先听 R 和 H 怎么说。H 说不仅两位男生可以作证，他的爸爸妈妈、爷爷奶奶都知道他今天带了 100 元钱，因为是奶奶当着家里人的面给的。R 说，他给饭卡充值，用的是自己的零花钱，从来不跟家里人要，拿钱家里人也不知道，所以没有证人，但钱是自己带来的。

看来，仅仅靠他们所说的，无法判断这 100 元到底是谁的。不过，我观察到 H 稍稍有些激动，说话语气笃定，R 显得十分淡定，说话慢条斯理——其实他一贯这样，遇上需要思考的问题时，眼神萌萌的，说话一字一顿。

我有点怀疑 R，但没有充分的证据，是不可以武断的。他们都是儿童，心灵纯净而脆弱，如果被冤枉，肯定会受到伤害。

好在，R 和 H 一直是好朋友，甚至是形影不离的好朋友。他们没有因为这 100 元钱发生激烈争执。我得冷静地处理这件事。我让两个作证的男孩认识到，就算这 100 元钱折叠的样子与 H 早上拿出的钱差不多，也不能肯定这钱就是 H 的，所以这件事他们不需要再参与了，也不需要跟其他人说起。我想到，参与的人越多，无论结果如何，对其中犯错误的人来说，都是不安全的。

孩子们都在教室里练字的时候，我和 R 留在走廊里。我望着他的眼睛，用比较随和的声音对他说："谈谈你的想法吧。"

R 挠挠头，望着我，眼神依然萌萌的："谈想法？没有想法啊。"

"那 100 元钱，你怎么看？"我只好直接挑明。

他没有犹豫："是我自己的啊。"

"怎么证明呢？"

"没办法证明。但就是我的。"

我将 H 请出来——孩子们都在练字，没有人注意到我们。H 还是刚才说过的原话，强调这 100 元钱的折痕就是他折的。我问他：折痕几乎一样，能不能肯定自己的钱一定是这张？他想了想，摇摇头。

我让他俩一起再在书包里找找，但没有找到另外的 100 元钱。我现在能肯定，这 100 元钱只属于他们中的一个人。考虑到他们是好朋友，我又知道他们无论遇上什么事都很少有自己坚定的主张，为了暂时让他们不再纠结这件事，我提议："先将钱放我这儿，你们先去上课，如果两节课后还无法确定这钱是谁的，那就一人 50 元。你们同意吗？"

果然如我所料，两人都点头同意了。我也知道，这个提议对于 R 来说，看似吃了一颗定心丸，事实上他的内心一定会思虑很多——无论这 100 元是不是他的。

二

等孩子们都去上选修课了，我在 QQ 上问 R 的妈妈："R 每次饭卡没钱了，你们会及时给钱让他充值吗？"得到的答案是肯定的。一会儿，R 的妈妈问我："发生什么事了吗？"我想，还没有需要家长参与进来的必要，就回复她："没什么，了解一下。"

R 的妈妈提供了新的线索。R 的嫌疑更大了。

我得想办法既能从 R 的身上找出真相，又不至于让他暴露在众目睽睽之下——如果真是他偷拿了 H 的钱的话。我得掌握好尺度，既让他记住教训，又要保护他的心灵。这时候，系统思维的运用是必需的，解决眼前的问题的同时，还要考虑解决问题的过程以及对未来的影响，这一切都要具有科学的儿童立场。

下午两节选修课回来，孩子们各干各的事，我将 R 请到身边来，问他："钱到底是谁的，有答案了吗？"

R用不变的眼神望着我，想了一会儿，说："钱真是我的。"

"可是，你没有证据，H的证据也不充分，我觉得不好办啊！"我故意摆出为难的样子。

"那就一人一半呗。"R回答。

"不行！"我很干脆。

"为什么啊？"

"你想一想啊，如果这钱本来就是你的，给别人一半，合理吗？如果是H的，给你一半，他同意，他的爸爸妈妈不一定同意啊！"

"也是哦——"他挠挠脑袋。这时候，他那一贯萌萌的眼神里有了一些犹疑。

他在想什么呢？我需要更进一步了。

我盯着他的眼睛，一字一顿地说："其实，有一个办法，很容易弄清楚真相，只是我暂时还不想用。"

"查监控。"R的反应很快。

我点点头。

"那么远，能拍得到吗？"他竟然提出了这样的问题，说明他早就想到了，或者这两节课他一直在想这件事，并且了解了摄像头的位置。同时，我也觉得，离真相越来越近了。

我仍然盯着他的眼睛："你想想吧，安装监控的时候，是不是会想清楚这些问题呢？"

R又挠挠头："也是啊。"

"那么，我是查还是不查呢？"我把决定权给了他，希望这时候他能说出真相来。

R扭头望着天花板，说："让我想想。"

一会儿，他也许仍然觉得监控拍不清楚，对我说："那就看看试试吧。"

"你确定？"

"查出来了会很严重吗？"他问。

我想，看来他还没有认识到事情的严重性，才会抱着侥幸心理吧。我说："这要看情况了。如果是无心犯的错，或者事出有因，自己承认了，改正了，仍然是值得信任的好孩子；如果是通过监控查出的真相，那就严重了，就被认定为偷窃的小偷或者抢钱的强盗，要在全班同学面前承认错误，道歉，还要告诉家长。H是你的好朋友，你不希望好朋友可能会丢尽了脸吧？好朋友肯定也不希望丢脸的是你，对吧？"

R呆呆地望着我，什么也不说。

我看时机应该成熟了，又对他说："这样吧，你去思考5分钟，5分钟后你再告诉我自己的决定。"

他回到了座位。

这时候，我也再梳理了一下思路。我想，或许，他还有很多顾虑，尤其是如果他一个人向我承认了，好朋友H会怎么看这件事，以后自己还能不能在好朋友面前抬起头来，还有在全班同学面前呢？

再回来时，R还是摇摆不定。我决定将H叫过来，一起参与"决策"——毕竟，他是当事人之一。

我还是先让他们去商量商量。一会儿，他们回来了，提出的方案竟然还是一人一半。我否决了，理由除了前面的，还加了一条："这样处理，传出去大家不都要说我们班的老师和学生都是糊涂虫吗？"最后，焦点还是落到了查不查监控上。

R不置可否，H说话的语气也犹犹豫豫："查吧，那就查吧。"

我再次分析了自己说出真相与通过监控找出真相的区别。

R问："我们再去商量商量，行吗？"

一会儿，他们又一起回来了。H第一句是询问我："老师，如果查出来是有人说谎了，会有多严重呢？"

我没有马上回答H，而是望向R。

R盯着我，问："会很严重吗？"他的眼神里，分明透着对自己行为的审视，想要确定他所做的，到底会造成什么样的后果。

我重复了前面说过的话。这次，不仅说给R听，也说给H听。

H说："老师，我们再商量商量吧。"

"两分钟，只给两分钟，而且是最后一次。"我强调。

再次过来时，R第三次问了我同一个问题："如果被查出来，会很严重吗？"

我不得不再次帮他分析一遍。R提出再与H商量商量，我虽然看出了R快要"缴械"了，但觉得需要施加最后一点压力："刚才说了是最后一次，这样无休止地商量下去，不一定有用的，还不如我花时间去看监控呢。"

H望了望R，又望了望我，说："老师，就一次，真的就一次，行吗？"

我做出有点不信任他们的样子，说："好吧，就再相信你们一次！"

一会儿，他们就回来了。H有点兴奋的样子说："老师，真相大白了！是……"

我马上做了一个"停"的手势，说："什么也不说了，我早就知道了真相。现在，这事就算过去了，谁也不要再提。我相信，今后你们不会再发生这种事。"说话的同时，我将100元钱塞到H手里，接着告诉他，不用跟别人说这事儿，记得明天及时去充值。

三

R站着没动，我知道他有话想跟我说。原来，他曾经丢过100元钱，饭卡是第二次丢失，找不到了——他一直都丢三落四，书本常常不知所踪，虽然我常教他怎样收拾、管理自己的物品。我告诉他，丢失了东西，要及时寻找，及时告诉老师。自己丢了东西，决不能拿别人的东西来补偿，那是错误的做法；那个被拿了东西的人，也会像他丢了东西时一样着急难过的。他点点头，小声问:"那我这事儿还要惩罚吗?"

一个原本憨厚的男孩,因为自己的钱丢失过,心中不知经历了怎样的矛盾和斗争,最后战战兢兢地偷拿了好朋友的钱,不过是幼稚地想找回心理平衡,还没有必要上升到品德好坏的层次来评判。如果因为一次头脑发热的过失,就把他的行为暴露在同学甚至更多人面前,有可能会给他带来灾难性的心理压力和伤害。作为教师,当然需要用同理心来理解孩子,在懂得他们心思和需求的基础上,给予引导和呵护,让他们即使是承认和改正错误的时候,也有心理安全感。

我同样小声告诉他:"我刚才已经说过了,这事从现在起,我们谁都不提,就像没有发生过一样。因为我知道你一直是个诚实、正直的好孩子,以后仍然会做一个诚实、正直的好孩子。我说的对吗?"

R点点头,若有所思,鞠着躬说了声"谢谢老师",挪着步子回座位去了。我从他的一声"谢谢"和步伐里,读出了他内心的感激和一丝沉重,这沉重里大概就是深刻的自我反思吧。我想,有了这次表面看似波澜不惊的经历,他以后再也不会轻易犯这样的错误了。

果然,班上没有人再谈论起这件事。幸好,H和R是好朋友;幸好,我的耐心和宽容换来的是这样一个不错的结局。身为教师,面对成长中的儿童,什么是真正的儿童立场呢?那就是要懂得他们此时此刻一言一行背后的秘密,选择与他们相处、引导他们健康发展的合适方式,陪着他们在各种各样的经历中"长大"。哪个儿童不是在一个又一个错误中慢慢成长的呢?他们犯错误的时候,正是需要我们帮助的时候。这种帮助不是简单的就事论事,解决眼前的问题,而是需要深入心灵的引领和启发,让他们学会自主判断,学会反思,从而实现自我成长。做到了这一点,其实也就是给予了儿童和儿童的成长最长情的呵护。

是的,因为懂得,所以呵护。